RIRE
ET PLEURER

DU MÊME AUTEUR

Aux Éditions Gallimard

LE PITRE

MACAIRE LE COPTE

LE RADEAU DE LA MÉDUSE

LA VIE D'UN BÉBÉ

JE SUIS ÉCRIVAIN

Dans la collection Folio :

MACAIRE LE COPTE (n° 1543)
LE RADEAU DE LA MÉDUSE (n° 1772)
FRANÇAISES, FRANÇAIS (n° 1864)
LA VIE D'UN BÉBÉ (n° 1987)

FRANÇOIS WEYERGANS

RIRE ET PLEURER

roman

BERNARD GRASSET
PARIS

IL A ÉTÉ TIRÉ DE CET OUVRAGE
TRENTE-CINQ EXEMPLAIRES
SUR VÉLIN CHIFFON DE LANA
DONT VINGT-CINQ EXEMPLAIRES DE VENTE
NUMÉROTÉS 1 A 25
ET DIX HORS COMMERCE
NUMÉROTÉS H.C. I A H.C. X
CONSTITUANT L'ÉDITION ORIGINALE

Bloc de quartz, il rêve
chaque nuit de diamant.

Pierre Reverdy

1

En sortant de la boucherie, Michel Zednik avait été suivi par un chien aux fortes mâchoires qui appartenait visiblement à la famille des molosses. Ce chien avait l'air plein d'intelligence et d'amabilité, mais ses petits yeux bien enfoncés, d'une belle couleur ambre, fixaient un peu trop attentivement le papier que Michel serrait dans sa main, et dans lequel ils savaient pertinemment l'un et l'autre que se trouvait une tranche de filet de bœuf. Le chien avait émis une série de plaintes qui auraient rendu jaloux un chanteur de flamenco.

Michel lui avait dit : « Ecoute, mon vieux,

j'ai besoin de cette viande pour mon cerveau qui est fatigué.

— Rrrr… Heummm… Rrrrrr…

— C'est incroyable ! Les gens se mettent déjà à abandonner leurs chiens début juillet ! En plein Paris ! Comment t'appelles-tu ?

— Wouah ! Wouah !

— Tu n'es pas un chien qui attaque ? Ne me mords pas la main ! Je te caresserai, si tu veux.

— Aouou… Aou… Rrreu…

— Mais tu as plein de poils blancs dans les sourcils ! Tu es un vieux chien bien gentil. Tu me fais penser à Dersou Ouzala. Tu ne peux pas comprendre, tu n'as pas vu le film.

— Ahi ! Ahi…

— Arrête tes sanglots ! Allez, salut ! Moi, je traverse ici.

— Mmmmmm… Miam miam…

Escorté par son nouvel ami qui se donnait des airs de chien-guide pour aveugle, Michel avait fini par arriver devant la porte de son immeuble. Après avoir regardé dans la rue si personne ne le voyait, il avait déballé sa tranche de viande pour la donner à Dersou Ouzala qui n'en avait fait qu'une bouchée.

Au milieu de la nuit, n'arrivant pas à

s'endormir, Michel s'était penché à la fenêtre. Dersou Ouzala montait la garde sur le trottoir. En apercevant Michel, il avait aussitôt poussé des aboiements aigus.

Le lendemain, Michel s'était cru obligé d'acheter deux tranches de filet de bœuf, tandis que Dersou Ouzala le surveillait à l'entrée de la boucherie.

Il pensa qu'il n'arriverait plus à se débarrasser de ce chien, lui qui ne les aimait plus tellement depuis qu'un doberman l'avait serré de près en rase campagne l'été dernier. Il lui avait alors dit sur tous les tons : « Couché ! Couché ! », mais le chien de garde l'avait talonné jusqu'au prochain village, à trois kilomètres de leur point de rencontre.

Après avoir avalé son morceau de viande, Dersou Ouzala avait essayé de faire comprendre à Michel qu'il lui fallait l'autre aussi. Sous une porte cochère, Michel lui avait dit : « Tiens, mange tout, mais après ça, terminé ! Tu me foutras la paix ! » En pleine nuit, il avait dû jeter des biscuits par la fenêtre pour calmer Dersou Ouzala qui menaçait de faire un esclandre et de réveiller toute la rue.

Michel s'était souvenu du chien avec qui il

jouait quand il était gosse, un berger de Picardie au poil gris-bleu qu'il retrouvait pendant les vacances chez ses grands-parents, et qui l'accompagnait pour aller chercher du lait le soir à la ferme.

2

Depuis que sa femme l'avait quitté, Michel ne savait plus ce qu'il faisait. Il se raccrochait à l'idée qu'il vaut mieux ne rien comprendre que comprendre de travers. Il avait fait un rêve : on l'empêchait de monter dans un train. Tous ceux qu'il aimait se trouvaient à l'intérieur. Il les voyait parler entre eux, rire et s'embrasser, mais personne ne faisait attention à lui. Sur le quai, férocement ceinturé par un homme masqué, il se débattait en voyant le train partir. Le coup de sifflet de la locomotive était le cri qu'il avait poussé en se réveillant.

L'été venait à peine de commencer. C'est le pire moment de l'année pour être malheureux.

Michel trouvait que sa femme aurait pu attendre le Nouvel An pour manigancer son coup. C'est moins insupportable d'être triste quand il fait froid.

Il avait l'impression de ne plus avoir de volonté. Le futur ne lui disait rien. Il regrettait de ne pas être fataliste. Si seulement il pouvait croire que « ça devait arriver » !

Il allait mal. Il ouvrait des livres mais lisait d'autres mots que ceux qui étaient imprimés. Dans la rue, il traversait sans regarder les feux. Il avait eu envie de donner des coups de pied à différents caniches.

A peine rentré chez lui, il s'asseyait par terre et, en proie à des crises de larmes, il ruminait son sort pendant des heures. Il téléphonait à ses amis, et il raccrochait dès qu'il entendait leur voix. Il n'avait plus envie d'écouter les disques qui, d'habitude, le mettaient de bonne humeur.

Son angoisse et sa détresse s'intensifiaient la nuit. Il avait peur d'aller se coucher. D'ailleurs, Sophie avait emporté leur lit, et il n'en avait pas encore acheté un autre, c'était au-dessus de ses forces. Avec son manteau et des coussins, il s'était fabriqué un matelas sur lequel il s'étendait moins pour attendre le sommeil, ses nuits n'étant faites que de réveils successifs, que pour repasser dans sa tête chaque minute du jour où il avait compris que Sophie venait de le plaquer.

Il était revenu à Paris un dimanche matin après avoir assisté à ce congrès de biologie à Baltimore où, pendant huit jours, il n'avait entendu parler que de souris, de rats et de mouches, de grenouilles et de singes. Il s'était dit une fois de plus que le premier biologiste avait dû être Noé embarquant des couples d'animaux sur son arche. A Baltimore, il espérait rencontrer un chercheur australien qui travaillait comme lui sur la mémoire et qui n'était finalement pas venu. Il n'avait rien vu de la ville. Sophie lui avait pourtant demandé d'aller dans les musées et de lui rapporter des catalogues. Elle l'avait prévenu qu'elle ne viendrait pas l'attendre à l'aéroport. Non ! C'était lui qui avait dit : « Ne viens pas me chercher, ça t'obligerait à te lever trop tôt. »

L'avion avait atterri à huit heures du matin et le trajet entre Roissy et la maison avait été rapide. Il se réjouissait de revoir sa famille. Il avait beaucoup de choses à raconter et il rapportait des cadeaux. Il avait laissé sa valise sur le palier pour se précipiter dans l'appartement, mais l'appartement était vide. Sophie avait décampé avec la moitié des meubles, la literie, les casseroles, les cadres. Elle était partie avec Zoé, leur petite fille à qui il avait souhaité bonne nuit l'avant-veille encore au téléphone. La nuit passée par Michel dans l'avion aura donc été sa dernière nuit paisible.

Il aurait pu croire qu'il s'était trompé d'appartement. En rentrant, il était resté assommé sur le pas de la porte du salon. Il ne comprenait pas ce qui s'était passé. Seul son bureau était dans l'état où il l'avait laissé, alors que Sophie lui avait dit qu'elle profiterait de son absence pour le repeindre.

Il s'en voudrait toute sa vie de ne pas avoir écourté son séjour à Baltimore. Pourquoi avait-il été assez bête pour assister à ce congrès jusqu'à la fin ? Quel manque d'intuition ! S'il était rentré un jour ou deux plus tôt ! C'était Sophie qui l'avait encouragé à partir. Lui, il hésitait à accepter cette invitation. Qu'est-ce qu'il irait faire à Baltimore ? Il était biologiste, il n'était pas commis voyageur. Il fallait qu'il poursuive ses propres recherches. Sophie avait insisté. C'était la première fois qu'on l'invitait aux Etats-Unis ! Tu pourrais rester trois ou quatre jours de plus, avait-elle dit, et visiter le Maryland, c'est sûrement très beau. Oui, elle avait voulu qu'il parte huit jours pour lui permettre à elle de partir pour toujours ! On n'improvise pas un tel déménagement, surtout avec un enfant.

« Triple idiot, se disait-il, pauvre crétin ! Pourquoi ne l'as-tu pas invitée à Baltimore ? Elle aurait été très heureuse de partir avec toi, c'est évident. Pas une seule fois tu ne lui as proposé de t'accompagner dans tes congrès de débiles, tes colloques de primates. Hein ? Pas une fois ! Dans tes réunions de rempailleurs de chaises ! Tu es bien avancé, maintenant ! Non, ce n'est pas vrai que ça coûtait cher. Tu vas en faire quoi, de tes économies ? Te payer une cure de sommeil ? Avoue plutôt que tu gardais toujours dans le fond de ta tête l'idée que tu pourrais rencontrer une femme affriolante auprès de qui tu aurais pu entonner ton chant d'amour : *ô adorable sainte Rose de Lima, ô cruelle sainte Marie l'Egyptienne !* Sait-on jamais ? Une étudiante tombée du ciel, ou la plantureuse assistante d'un de tes confrères ?

Comment, ça n'est jamais arrivé ? Et Rita, la Finlandaise qui travaillait avec le professeur Ekman ? Celle qui avait de si belles mains et qui s'en est si bien servie quand vous étiez tous les deux dans une cabine téléphonique, ô sournoise sainte Christine, douce sainte Angèle ! Tu n'en revenais pas, hein ? Tu croyais que ça ne se faisait que dans des chambres fermées à clé ? Mon cher Michel Zednik, tu commences à comprendre que tu as été un piètre mari et que le départ de Mme Zednik est tout ce que tu mérites. »

En pleine nuit, il s'agitait sur ses coussins. Il n'arrivait pas à trouver le sommeil et repensait au lit « king size » de son hôtel à Baltimore. La direction avait fait monter des fleurs dans la chambre et il s'était étendu sur le lit pour téléphoner à Sophie. Il lui avait dit que le voyage s'était bien passé, qu'il avait dû changer d'aéroport à New York et qu'il regrettait qu'elle ne soit pas maintenant avec lui dans cette chambre et dans ce lit. Ce coup de téléphone l'avait sans doute interrompue dans son travail de déménageuse. Elle avait un sacré sang-froid ! Elle n'avait rien dit ! Bel exemple de mensonge par omission ! Alors qu'elle empilait la vaisselle dans des cartons, qu'elle démontait ses étagères et sa planche à dessin, qu'elle chantait en emballant les jouets de Zoé ! Peut-être écrivait-elle la lettre de rupture que Michel avait trouvée, bien en évidence, sur la table de la cuisine ? Dans la cuisine, elle n'avait d'ailleurs laissé que cette vieille table achetée il y a dix ans, sans doute pour servir de présentoir à sa lettre. Et quelle lettre !

« Michel, c'est fini entre nous, je m'en vais. Je me sens mal d'agir derrière ton dos, mais je ne veux pas t'affronter. Je vais partir avec Zoé en vacances dans quelques jours et je te téléphonerai début septembre pour qu'on décide comment Zoé et toi pourrez vous voir.

Je te quitte parce que je n'arrive tout simplement plus à vivre avec toi. Entre autres, je ne supporte plus de voir défiler toutes les saintes du Paradis dans mon lit. J'ai dû être très amoureuse pour avoir trouvé ça excitant. On se reverra à la saint Glinglin.

Je t'embrasse.

Sophie. »

Michel avait cru devenir un de ces chats qu'on anesthésie en laboratoire. Chaque phrase écrite par Sophie lui avait fait l'effet d'une décharge d'électrode détruisant son cerveau. Elle lui avait déjà dit d'aller se faire soigner, mais elle n'en parlait plus depuis des années. Alors ? Toutes les fois qu'ils avaient... Elle ne... Elle... Sophie, ce serait tellement plus simple si tu me disais que tu as rencontré un autre homme.

Les cadeaux que Michel avait rapportés, des boucles d'oreilles anciennes pour Sophie, une boîte à musique pour leur fille, étaient restés dans leurs emballages et dans sa valise qu'il n'avait ouverte que pour y prendre ses affaires de toilette. Il était allé porter un costume à la teinturerie, où on lui avait dit que la robe de sa femme était prête. Il avait rapporté à la maison une charmante robe d'été très décolletée que Sophie ne pourrait pas mettre pour sortir avec d'autres que lui.

Dès que le jour baissait, il ne savait plus comment s'éclairer. Pendant leurs dix ans de vie commune, Sophie s'était ingéniée à trouver des lampes étonnantes. Les questions d'esthétique industrielle la passionnaient. Elle avait offert à Michel un chariot sur roulettes à rangements multiples, créé par Joe Colombo, un designer italien qu'elle admirait. Elle avait appris à Michel à reconnaître un fauteuil de Bertoia ou de Saarinen, une lampe de Noguchi, un lustre de Munari. Quand ils s'étaient connus, elle avait déjà une collection de bougeoirs et de chandeliers, et deux très belles lampes à huile en tôle peinte. Elle s'était peu à peu constitué une collection de lampes en métal laqué, chromé ou verni, et bien entendu elle avait tout emmené. Michel avait dû s'acheter en vitesse une horrible petite lampe de chevet chez l'électricien de la rue, et en pleine nuit il cherchait à tâtons l'interrupteur pour lire une fois de plus la lettre que lui avait laissée Sophie. Au lieu de se rendre à l'évidence, il essayait de voir en quoi cette lettre pouvait être considérée comme une lettre d'amour. Il la connaissait par cœur. Il aimait l'écriture de Sophie, qui n'était pas dessinatrice pour rien. Elle avait emporté le portrait à l'aquarelle qu'elle avait fait de lui l'année dernière. Si elle n'avait plus été amoureuse de lui, elle l'aurait laissé. A moins qu'elle ne l'ait pris pour que Zoé pense à son père ?

Depuis quand avait-elle décidé de partir ? Depuis des mois, en tout cas depuis Pâques, c'était clair. Elle avait attendu la fin de l'année scolaire ! Tout ça avait été préparé en douce.

Elle aurait été bien ennuyée si Michel avait brusquement annulé son voyage à la dernière minute. Si, le matin de son départ, il l'avait prise dans ses bras en laissant le réveil sonner ? Il aurait ensuite entendu tambouriner à la porte et, à moitié nu, il serait allé ouvrir à deux types bâtis en armoires à glace qui lui auraient dit : « On vient pour le déménagement. — Mais... Vous devez vous tromper d'étage ! — Mme Zednik, ce n'est pas ici ? » Il l'avait échappé belle ! Comme il avait eu raison de partir !

Il se souvenait de la veille de son départ. Sophie l'avait aidé à faire sa valise. Il n'avait jamais su plier comme elle un pull-over ou une veste. Elle l'avait repoussé : « Arrête ! On ne finira jamais cette valise ! » Il ne s'était même pas rendu compte qu'elle ne l'aimait plus. Il l'avait pourtant sentie distante quand il était parvenu à la caresser de façon si décevante sur le canapé qu'elle allait emporter quelques jours plus tard, sans doute en souvenir du dernier soir où elle avait partagé les lubies érotiques de son futur ex-mari.

Entre deux crises de larmes, Michel avait des crises de rage. Il aurait voulu casser quelque chose mais il n'y avait plus grand-chose à casser. Avec quel plaisir il aurait massacré le précieux buffet en noyer à quatre portes que Sophie avait reçu de sa grand-mère maternelle. S'il avait pu arracher les portes de ce buffet l'une après l'autre, et renverser, abattre, détruire, exterminer le meuble à coups de hachoir, de hache, de harpon, de tomahawk ! Il pensait même louer une ponceuse pour faire disparaître jusqu'au souvenir des traces de pas de Sophie sur le parquet de l'appartement.

Il était allé voir son médecin, le vieux docteur Pinson, quelqu'un d'assez gai, en effet, qui avait toujours su le rassurer.

Dans la salle d'attente, il avait réussi à casser un des pots à pharmacie qui se trouvaient sur la cheminée. « On est bien agité ce soir », avait dit le docteur Pinson, en ajoutant que ce n'était pas un reproche mais un diagnostic.

Au téléphone, Michel lui avait parlé d'envies de suicide. Depuis trois ou quatre jours, il avait peur d'aller se jeter dans la Seine au lieu d'aller travailler.

— Bon, venez ce soir, avait dit Pinson, je vais vous prendre en double file !

En raccrochant, Michel s'était tout de suite senti mieux. Cette disparition soudaine de ses symptômes ressemblait trop à l'accalmie qui annonce le redoublement de la tempête, mais ça n'avait pas duré longtemps, Dieu merci !

— Voyons, qu'est-ce qui vous arrive ?

Au lieu de dire sans détour que sa femme l'avait quitté, Michel s'était lancé dans un inventaire de ses maux de ventre, confondant son foie et son estomac.

— Vos descriptions sont toujours aussi pittoresques, et je les apprécie en tant que telles, mais vous tournez autour du pot, au figuré, bien sûr, après l'avoir fait au propre dans ma salle d'attente !

— Je viens vous voir pour être rassuré.

— Détendez-vous. Voilà. Vous rassurer sur quoi ? Qu'est-ce qui vous inquiète ? Respirez normalement. Mais vous me semblez plein d'énergie ! Vous dites que vous êtes dépressif ? Peut-être que votre travail vous angoisse actuellement ? Non ? Bien. Vous pouvez vous rhabiller. Vous êtes marié, n'est-ce pas ? (Il consultait ses fiches.) Quarante et un ans, c'est votre deuxième mariage, un enfant chaque fois, et chaque fois une fille. Je vois que vous êtes déjà le père d'une grande fille de vingt et un ans, ça devrait vous aider à vivre, ça !

Le docteur avait évoqué avec Michel la possibilité d'entreprendre une psychothérapie de soutien, si ses troubles persistaient. Michel avait craqué.

« Ma femme est partie, comme ça, du jour au lendemain, sans prévenir. Je suis rentré un matin chez moi et elle avait vidé l'appartement. Avec Zoé. Elle est partie avec Zoé, avec ma petite fille. Elle ne m'a laissé qu'une lettre, juste une lettre plutôt sèche. Je ne vais donc pas non plus voir grandir la plus jeune de mes deux filles, c'est du malheur à répétition ! Avouez que c'est inquiétant, deux fois de suite des femmes me quittent au bout de dix ans de mariage. Tous les dix ans, je sécréterais je ne sais quoi qui donne envie de s'éloigner de moi ? Ce serait cyclique ? Je n'y comprends rien, docteur. Il faut que vous me remettiez en forme. Je dois aller bientôt en Espagne. J'ai accepté de donner une conférence et je suis incapable de me concentrer ! Ma femme me quitte, comment réagir à cette agression imprévue ? Je n'ai pas l'air d'avoir les anticorps nécessaires pour lutter contre cette histoire. Si j'arrivais à mêler la biologie et la psychologie, ça présenterait l'énorme avantage de dédramatiser ma vie, et justement je suis en plein drame, comme vous pouvez le constater ! Si je vous disais comment je vis en ce moment ! J'ai l'impression… Comment vous expliquer ? Je pense à moi comme à quelqu'un qui… Comme à un type qui marcherait à quatre pattes toute la journée. Je pleure à tout bout de champ. Je… J'ai des maux de tête, je vomis. C'est comme si ma vie me traitait à coups de… A coups de… Et… Et ça ne fait que commencer. Je suis dans un… Je viens d'entrer dans un long tunnel. Que… »

Michel n'arrivait plus à articuler. Il tremblait. Il ne contrôlait plus les muscles de son visage. Le docteur Pinson lui avait proposé de lui faire une piqûre qu'il avait refusée tout en s'efforçant de cacher l'agitation de ses bras, de ses jambes et de ses mâchoires. « Je ne peux pas vous laisser partir dans l'état où vous êtes, avait insisté le docteur, allez au moins vous étendre. »

L'angoisse avait empêché Michel de rester allongé. Il était persuadé qu'il se calmerait en marchant dans les rues de Paris jusqu'à l'épuisement. Il n'avait pas osé sortir trop vite du petit cabinet de travail où le docteur Pinson l'avait installé. Flageolant sur ses jambes, il avait feuilleté des manuels de psychiatrie dans lesquels on parlait beaucoup trop de lui à son goût. Il était ressorti accablé par la lecture d'une page sur la confusion mentale. Le docteur Pinson lui avait prescrit des tranquillisants : une pilule le matin au réveil, qui agirait en se diluant progressivement dans l'estomac tout au long de la journée. Le lendemain Michel en avait croqué trois. Qui veut la fin veut les moyens.

Il s'était assoupi dans le métro et avait dû passer sa station sans avoir la force de se lever. On l'avait secoué au terminus et il s'était retrouvé à la Porte de la Chapelle alors qu'il aurait dû descendre à Solferino. Il avait eu peur de s'évanouir et s'était réfugié à l'intérieur d'un café où il avait bu un double whisky en se disant que ce serait un bon antidépresseur. Il était sûr d'avoir ensuite téléphoné au laboratoire pour dire qu'il n'était pas en état de venir travailler mais le lendemain on lui avait juré qu'il n'avait jamais appelé. Son absence les avait au contraire tous inquiétés. Michel n'était jamais en retard. Le besoin d'arriver partout à l'heure était plus fort que lui. Ce n'était pas de la politesse mais une forme d'angoisse comme une autre. Il avait une théorie là-dessus : il ne faut pas se faire attendre, sinon les gens qui vous attendent se mettent à penser à vos défauts.

Etait-ce dans son imagination ? Au laboratoire, Michel sentait qu'on ne le regardait plus comme avant. Il savait qu'il avait les yeux gonflés et il ne reconnaissait pas toujours le son de sa voix. Il n'allait quand même pas interrompre un de ses confrères lui parlant de 2-D-oxy-glucose pour raconter que sa femme l'avait laissé tomber. L'événement aurait paru dérisoire à tout le monde. Il avait travaillé quelques années plus tôt sur les rapports entre l'alimentation et le sommeil. C'était bien la peine ! Il ne mangeait plus et ne dormait plus. Il aurait voulu s'en plaindre, mais, ce que les autres attendaient de lui, c'était le résultat de ses recherches, et il n'avait pas encore mis de l'ordre dans les notes qui devaient lui servir pour sa conférence au congrès de Barcelone dont la date approchait. On serait vite le 20 juillet. Il préférait passer son temps à se souvenir de sa vie avec Sophie. Il s'embrouillait. Il aurait pu prendre un congé sans solde. Retourner voir le docteur Pinson et lui demander un arrêt de travail ? Il aurait eu l'impression de se laisser couler. Il rédigerait sa conférence. Il irait à Barcelone. Il jouerait son va-tout. Au labo, chacun lui conseillait de partir se reposer. Il avait annoncé qu'il ne viendrait pas pendant quelques jours. Il n'avait pris aucun dossier avec lui. Il se débrouillerait sans documents. Le combat se passerait dans sa tête. Il s'apprêtait à arbitrer un match inégal et sans merci. A sa gauche, son projet de conférence, un poids plume que toute la salle plaignait d'avance. A sa droite, le souvenir de Sophie, poids lourd aux redoutables crochets. Coup de gong. Premier round. Le souvenir est sûr de lui. Le projet joue au fier-à-bras. Que se passe-t-il ? Ah, mes chers amis quelle dérouillée ! Mais c'est l'arbitre ! Je n'ai pas la berlue ! C'est l'arbitre qui encaisse les coups ! Et voilà qu'une spectatrice compatissante monte sur le ring et offre un protège-dents à ce pauvre arbitre ! Quelle histoire ! Les vêtements de l'arbitre sont déchiquetés ! C'est proprement shakespearien ! *Does the world go round ?* L'arbitre est un poids mouche ! Oh ! Quel coup bas ! C'est une vraie boucherie ! Comment peut-on tolérer... Je vais rendre l'antenne ! Attendez ! Pressé dans l'étau de ses souvenirs et de ses projets, l'arbitre Zednik semble vouloir dire quelques mots. Oh non ! Son passé lui fait un croche-pied ! L'envoie dans les cordes ! Il rebondit ! Et maintenant c'est son projet de conférence qui le malmène ! Oh la la ! Un swing dans l'appareil génital ! Il est tombé ! Il se relève ! Va-t-il abandonner ? Il retombe ! Trois... Quatre... Cinq... Je m'approche... Pardon, laissez-moi passer. Huit !... Neuf !... Non ! Magnifique ! Il s'est redressé ! Ce que nous vivons là est indescriptible ! Regardez ! Zednik est à genoux et continue de se battre ! Mais le souvenir de sa femme ne lui fait pas de cadeaux ! Et il a encore la force de parler ! Ce diable de Zednik ! Coincé comme il est entre le passé et le futur ! Il vient de crier que le temps n'existe pas ! Qu'il n'y a qu'un temps unique d'un bout à l'autre de l'univers !

Ses adversaires le travaillent à l'estomac et il pense à Einstein ! C'est de la boxe au plus haut niveau ! Il dit que la mémoire n'existe pas non plus ! Qu'il n'y a pas de mémoire dans le cerveau ! Aïe ! Quel uppercut ! Le pauvre, il s'en souviendra !

Michel était dans le métro. Il avait rouvert les yeux et, s'étant rendu compte qu'il était sur le point d'envoyer un direct du droit dans la figure de la femme assise en face de lui, il avait précipitamment changé de place.

3

Il avait enfin reçu un coup de téléphone de Sophie. Elle avait l'air d'appeler de très loin. Elle lui avait demandé s'il était bien rentré de Baltimore. Dans le genre humour noir, qui dit mieux ?

Elle n'avait pas voulu qu'il sache où elle était.

— Et si j'avais un accident ? Tu l'apprendrais comment ? Tu vas me dire que tu t'en fiches, mais Zoé ?

— Michel, c'est suffisamment dur comme ça. On se revoit début septembre, d'accord ?

— Je pourrais me suicider !

— Alors, ce serait gentil de laisser une lettre

à ta fille, et dis-moi où tu as mis le livret de famille, j'en aurai besoin pour déclarer ta mort à la mairie.

Michel lui avait raccroché au nez. Il avait eu ensuite toute la nuit pour le regretter. Cinq heures du matin, six heures du matin... Il avait espéré qu'elle rappelle. Rien. Elle ne rappellerait plus avant septembre. La date de sa conférence approchait et il quitterait bientôt Paris. Il avait été stupide. Il aurait dû lui donner tout de suite le nom de son hôtel en Espagne. Elle n'avait pas rappelé ! Elle devait être furieuse ! Ou seulement fâchée. Elle avait dû aller se coucher. Elle avait appelé d'un hôtel ? D'une cabine ? Que faisait Zoé pendant ce temps-là ? *Où était Zoé ?* En train d'attendre dans un café, en compagnie de l'amant de sa mère ? Michel imaginait le dialogue : « Tu peux garder la petite cinq minutes ? Il faut que je parle un peu à son père. Ce ne sera pas long. A tout de suite, mon amour. » Lequel amour avait alors offert une glace à Zoé pour qu'elle ne pleure plus. Michel préférait ne pas y penser.

Et s'il portait plainte ? Une mère de famille n'a pas le droit d'abandonner sans motif grave la résidence familiale. Lui aussi, il pourrait trouver quelqu'un d'autre. Ce ne serait pas compliqué de ramener une femme dans son lit, sauf qu'il n'avait plus de lit.

Il y avait eu de gros orages sur Paris. Il faisait lourd. Michel s'endormait à des heures auxquelles il aurait aimé se réveiller. Il était parfois tiré de son sommeil par de violentes crampes aux pieds. Il avait cru, dans la pénombre, que son pantalon sur la chaise était la silhouette de Sophie qui se penchait sur lui. Ô sainte Agnès ! Sainte Pétronille !

Une nuit, il avait entendu une voix de femme dans la rue : « Pauvre con ! » Un homme avait répondu : « Quoi ? »

— Pauvre type, avait dit la femme.

— Eh, va te faire enculer, toi !

— Oui, toi aussi, va !

Une porte d'immeuble s'était refermée. Le silence était revenu. Il avait pensé que ce n'était pas cette conversation qui allait l'aider à vivre.

Il lui arrivait de sortir pour faire une course et de ne plus se rappeler pourquoi il était sorti. En marchant, il regardait les visages de passants qui n'avaient pas l'air plus contents de leur sort que lui.

Il était entré un après-midi dans une église et il avait assisté à la messe d'enterrement de quelqu'un qu'il ne connaissait pas. Quand le prêtre avait dit : « Jean-Jacques, tu vas terriblement nous manquer », il avait fondu en larmes et son voisin lui avait tapoté l'épaule.

Dehors, il avait pris la grande décision de se ressaisir et de tout faire pour être de nouveau heureux. Fini de jouer au martyre ! Fini de se prendre pour un ascète qui dort sur un fagot d'épines. Dès le lendemain, il irait acheter un matelas.

Il était ressorti d'une pharmacie avec un sac en plastique plein de vitamines et de boîtes d'ampoules buvables. En cas de coup dur, les ampoules buvables lui avaient toujours réussi. Le pharmacien lui avait conseillé des oligo-éléments. Il avait acheté du cuivre, du fer, du zinc, du phosphore, du lithium et du magnésium, comme s'il achetait des yaourts aux fruits.

Les magasins allaient fermer et il allait oublier Dersou Ouzala ! Il avait pris l'habitude d'acheter des bas morceaux à la boucherie et de les donner au chien qui accourait, tout joyeux, pour lui lécher les mains et lui donner de grands coups de patte sur la poitrine. Ces démonstrations d'affection lui faisaient du bien.

Pour la première fois depuis le départ de Sophie, il avait ouvert la porte de chez lui avec plaisir et il avait rangé toutes ses boîtes de médicaments dans la cuisine. Le lithium allait l'aider à surmonter ses angoisses. Il en avait bu deux ampoules tout de suite. Sur la boîte, une notice stipulait que ces ampoules de lithium soignent des manifestations psychiques mineures, comme l'irritabilité ou les troubles légers du sommeil. Les troubles qu'il ressentait étaient-ils mineurs ? On verrait bien.

Il s'était endormi plus vite que d'habitude mais s'était réveillé de très mauvaise humeur. Lui qui n'avait jamais été irritable ! Il l'était devenu après avoir pris des ampoules visant à l'effet contraire ! Il avait été réveillé par un coup de téléphone vers sept heures du matin. C'était un abruti qui se trompait de numéro.

Une fois passées les quelques heures matinales pendant lesquelles il n'avait aucun goût de vivre et n'était bon à rien malgré ses vitamines, des dizaines d'idées faisaient irruption dans sa tête, plus démoralisantes les unes que les autres. « Tu dois être sérieusement atteint », se disait-il, et il se mettait à rire comme un bossu.

Quand il repensait à la manière dont Sophie était partie, il était plein d'admiration pour elle. Elle avait vidé les lieux, dans tous les sens du terme ! C'est ce qui s'appelle savoir surprendre les gens. Quelle classe ! Michel avait toujours aimé les surprises. Il essayait de ne pas penser au futur et parvenait à se convaincre que Sophie était en train de lui faire une farce. Elle reviendrait bientôt au volant d'une camionnette louée, avec Zoé ravie de rentrer à la maison. Michel se voyait en train de les attendre sur le trottoir. Zoé sortait la première, avec son chat dans les bras.

« Papa, si tu ne me rapportes pas ce soir le petit chat que tu m'as promis, je ne te parlerai plus jamais de ma vie », lui avait un jour dit Zoé. Il avait quitté son travail une heure plus tôt et avait fini par acheter un chat dans un grand magasin. Tout le monde, sauf Zoé, lui avait dit qu'il fallait être ridicule pour acheter un chat quand tant de gens sont prêts à en donner. C'était un petit chat noir qui avait été baptisé Pruneau. Quel âge avait Zoé à ce moment-là ? Elle allait déjà à l'école puisque la directrice avait téléphoné pour que les parents viennent reprendre un petit chat sorti du cartable de leur fille pendant la classe.

Où était Pruneau ? Lui aussi, il manquait à Michel qui avait pris l'habitude de l'avoir dans les jambes quand il allait à la cuisine. Ce malheureux chat devait être dans un état pitoyable, en train de miauler à fendre l'âme dans un appartement inconnu, dans un environnement hostile. Sophie aurait-elle oublié que les chats sont des animaux sédentaires ? Et si Sophie s'était réfugiée chez son amie Catherine qui avait un énorme chien ? Michel avait téléphoné à Catherine qui, justement, se demandait ce que devenait Sophie. Il n'était pas plus avancé. Catherine avait très bien pu mentir. Elle ne pouvait pas ne pas être au courant. Donc, Sophie habitait chez elle ! Et que Sophie soit chez Catherine, c'était une excellente chose.

Il n'en continuait pas moins d'errer jusqu'à l'aube dans l'appartement. Il passait des heures à relire ses vieux agendas. Il aurait voulu être dur et énergique, capable d'assumer son malheur et de prendre des résolutions à longue échéance, des résolutions inébranlables, fécondes, inventives. Il avait toujours détesté le confort, matériel et moral. Somme toute, Sophie lui rendait un immense service. Elle l'avait privé de fauteuils et de réfrigérateur, et elle l'obligeait à se remettre en question.

Il était sonné, bien sûr, mais il se relèverait. Un homme nouveau était sur le point de naître ! Le départ de Sophie était un bienfait, ce malheur allait le rendre plus fort. Grâce à Sophie, il mènerait une vie plus intense. Elle reviendrait. Il l'accueillerait avec un large sourire. Elle avait eu raison. Il avait besoin de ce choc. Il remerciait sa femme tout en arrosant les deux plantes vertes qu'elle avait eu la bonté de lui laisser. C'était la mi-juillet, et quand le soleil se levait, il sortait les plantes sur le balcon, prenant modestement part à la création de l'oxygène moléculaire terrestre.

Chaque fois qu'il s'apprêtait à relire la lettre laissée par Sophie, lettre qu'il avait surnommée « la Sonate des Adieux », il se disait que ce serait la dernière fois et qu'il la déchirerait tout de suite après, mais c'était plus fort que lui, il voulait la relire encore. Zoé aurait pu lui laisser un mot, elle aussi. Zoé Zednik, quel joli nom ! Quand elle sera plus grande, il lui fera graver des cartes de visite.

La relecture quotidienne de la lettre de Sophie était devenue une manie. Cette Sonate des Adieux était le seul contact qu'il avait encore avec sa femme.

La phrase qu'il préférait était la dernière : « Je t'embrasse. » Il faisait semblant de ne pas être atteint par le reste. Oh ! Sophie ! Moi aussi, je t'embrasse ! Tu n'es plus une enfant, Sophie, arrête de me faire peur et sors de ta cachette ! Tu devrais savoir que j'ai besoin de toi. Quand je rentrais le soir, j'aimais que tu sois devant ta planche à dessin, tu me montrais ton travail de la journée. C'est moi qui ai fait encadrer les gouaches originales de tes pochettes de disque pour Debussy. Pendant des jours et des jours, on n'écoutait plus que les préludes de Debussy à la maison. J'en connais encore tous les titres par cœur, ma fille aux cheveux de lin, mon Ondine, ma danseuse de Delphes ! Sophie !

Il l'avait machinalement appelée à haute voix. « Qu'est-ce que tu radotes ? » Il lui avait semblé entendre la voix de Sophie ! Mon Dieu.

Il se mettait à avoir des hallucinations auditives ! Et voilà où vous mènent dix ans de mariage ! Adieu les noces d'argent ! Michel fêtait seul ses noces de lithium. Que dirait-on à sa petite fille ? Dimanche, on ira voir ton papa à l'asile ?

On vous a toujours prédit un brillant avenir, et sous prétexte qu'une femme un peu tête en l'air vous a étourdiment quitté, vous risquez un placement d'office dans un centre hospitalier en moins de rien ! Le Code Civil ! La curatelle !

« Je soussigné, docteur Pinson, certifie avoir examiné ce jour Michel Zednik, quarante et un ans, biologiste, demeurant à Paris, et qu'il présente un état dépressif avec hallucinations psycho-sensorielles, parle tout seul, reconnaît éprouver le besoin irrépressible de crier des noms de saintes pendant le coït, donne spontanément comme exemple : « Sainte Catherine Labouré ! Sainte Marie-Françoise des Cinq Plaies ! », prétend que la mémoire n'existe pas, dit qu'il aime sa femme et veut aller au zoo avec sa petite fille. »

Il n'y a pas si longtemps, les services d'urgence psychiatrique s'appelaient encore des services d'agités. Michel se serait volontiers fait examiner par un autre médecin, mais qui ? N'arrivant pas à s'endormir, il avait calculé que dix ans de mariage représentent à peu près quatre-vingt-huit mille heures. Il avait parlé avec Sophie au moins deux heures par jour. Ces heures mises bout à bout faisaient sept mille trois cents heures. Dix mois ! Etait-ce beaucoup ? Etait-ce peu ? Sophie, elle, avait jugé que c'était suffisant.

4

Il avait sûrement été pendant dix ans un mari impossible et un père exécrable. C'était comme s'il en prenait conscience pour la première fois, avec lucidité, avec courage, bravo Zednik ! Dix ans ! Il était bien modeste ! Il ne faudrait tout de même pas qu'il oublie son premier mariage, pendant lequel il n'avait pas été plus brillant. C'était ce qu'avait dit, au moment où ils se séparaient, Marie-Hélène, sa première femme. Il s'était conduit comme un salaud avec elle et avec leur fille, sa fille aînée, Jaroslava — la mère de Marie-Hélène était tchèque. Michel avait dû présenter le passeport de la grand-mère pour faire admettre le prénom de Jaroslava aux employés de l'état civil. Marie-Hélène avait été enceinte à dix-neuf ans, et lui il avait vingt ans.

Ils s'étaient mariés quelques mois après la naissance, pour faire plaisir aux deux familles qui aidaient financièrement le jeune ménage. Jaroslava était née le jour où le général de Gaulle avait perdu son fameux référendum sur la suppression du Sénat et sur la régionalisation. Marie-Hélène et Michel étaient trop jeunes pour avoir le droit de voter.

En avril dernier, pour ses vingt et un ans, Jaroslava avait dit à son père qu'elle voulait un tailleur. Elle lui avait demandé l'argent et elle avait préféré aller choisir le vêtement avec sa mère. Michel avait dîné avec elle le soir. Elle n'avait pas trouvé le tailleur qu'elle voulait.

Michel aurait voulu revoir sa fille aînée. On dit toujours que c'est bien d'avoir des enfants pour égayer votre vieillesse. Et quand on a quarante ans, alors ! Dans une grande enveloppe, il avait gardé toutes les lettres que lui avait envoyées Jaroslava. Il avait aussi sauvé quelques cahiers du temps où elle était à l'école communale.

Elle avait six ans : « *Papa jai envi de te*

revoir papa chéri » (carte postale envoyée d'une colonie de vacances, quand ils habitaient encore ensemble). Elle avait huit ans : « *Je t'aime je tador j'ai beaucoup de tristess* » (écrit au pastel rouge, sauf le mot « tristess » qui était écrit en noir, à l'époque des premières grandes disputes entre ses parents). Elle avait quatorze ans et passait le mois d'août avec sa mère : « *Je suis toute dorée et en pleine forme. J'ai emmené un mot de toi que j'adore : « Bonne journée ma petite Jaroslava que j'aime ». Papa, je l'adore ce mot. Je pense beaucoup à toi et souvent.* TA FILLE JAROSLAVA. »

Dans un cahier (« Zednik Jaroslava, Cahier de devoirs mensuels »), Michel avait lu une dictée qui avait valu à sa fille la note de 2 sur 20 :

Retour de pêche

Sur la mer, au milieu de vagues énorment...

A une autre page, un pénoir et un horlogier s'étaient ligués pour obtenir un zéro souligné trois fois. Le mois suivant, Jaroslava avait été priée de mettre à l'imparfait, au passé simple et au futur simple la phrase « Je renoue mon kimono et avance sur mon adversaire. » Elle s'en était bien tirée. Michel avait refermé le cahier. Lui aussi, il allait renouer son kimono et avancer sur son adversaire. Oui, Jaroslava, je te le promets, je renouerai mon kimono et avancerai sur mon adversaire. Au futur simple, tu vois ! Ton père ne va pas se laisser abattre si facilement.

Il n'avait pas retrouvé la lettre qu'elle lui avait envoyée pour lui souhaiter bon anniversaire l'année précédente, celle où elle lui parlait tout à coup avec gravité de ce qu'il représentait pour elle. Où l'avait-il mise ? C'était sûrement un coup de Zoé qui venait tout le temps fouiller dans les affaires de son père et qui ne détestait pas gribouiller sur les lettres de sa sœur aînée.

Ses deux filles avaient toujours été fascinées par le bureau de Michel, un vieux piano demi-queue complètement inutilisable qu'il avait découvert chez un brocanteur près de Senlis. Il avait enlevé les touches restantes, les cordes et les marteaux, et fait scier des planches de chêne au format, avec les arrondis nécessaires. Les bords de la table d'harmonie permettaient d'appuyer des livres. Impossible de mettre la main sur la lettre de Jaroslava dans tout ce désordre !

Dîner en tête à tête avec Jaroslava lui aurait fait du bien, mais il ne tiendrait jamais le coup jusqu'au dessert. Il n'arriverait pas à étouffer ses larmes. Il irait jusqu'à se lamenter sur le départ de Sophie devant la fille de Marie-Hélène ! Il se voyait transformé en prophète Jérémie dans un restaurant macrobiotique. Pourquoi m'a-t-on fait sortir du ventre de ma mère pour connaître l'abandon et la trahison ? Ah ! Seigneur Eternel ! Vois ma misère ! Sophie s'est détournée de moi comme Jérusalem de Toi ! Elle se prostitue au pays d'Egypte, s'enflamme pour les enfants de Babylone ! Elle va vieillir dans l'adultère ! Je suis dans la désolation, ô Eternel des armées !

Il avait envie de dîner avec Jaroslava ? Eh bien, qu'il lui téléphone ! Il n'allait pas rester enfermé dans cet appartement ad vitam aeternam ! Sa conférence n'avançait pas ? Il pourrait l'esquisser de vive voix devant sa fille. Il tâcherait de lui expliquer pourquoi il se méfie de la mémoire pure. C'est bien joli de rêver qu'on secoue son auditoire en lui révélant une nouvelle conception de la mémoire ! C'est bien, c'est même très bien, d'avoir envie de parler comme si personne d'autre n'avait étudié la question avant vous. Zednik, tu prends des risques ! Après la théorie des structures dissipatives et celle des catastrophes, après les objets fractals, voici Zednik et sa théorie de la mémoire. Comment vas-tu l'appeler ? La mémoire fumigatoire ? Qu'ont-ils imprimé dans le programme du colloque ? « 18 heures : communication de Michel Zednik. » Allez, téléphone à Jaroslava !

Il n'arrivait pas à se décider. Qu'allait-il trouver à dire de normal à sa fille pendant toute une soirée ? Et quand elle demanderait des nouvelles de sa sœur ? Et quand elle poserait la question : « Vous allez où en vacances, cette année ? » Ce serait tellement plus simple de tout lui avouer ! Au téléphone ? Avant d'entrer dans le restaurant ? Pendant qu'elle lirait le menu ? Est-ce que ce ne serait pas plus facile après avoir bu un peu de vin ? Mais Jaroslava n'aime pas le vin ! Au dessert ? Ce serait tout gâcher ! Au retour, dans la voiture ? Dans quelle voiture ? C'est Sophie qui a la voiture, maintenant.

Bon. A un moment ou à un autre, il se pencherait vers Jaroslava : « Il faut que je te dise... » Non, pas sur ce ton tragique ! « Figure-toi qu'il m'en arrive une bien bonne » ? Ce serait pire ! Michel, tu te contenteras de dire sans avoir l'air d'y attacher d'importance, que Sophie t'a quitté. Sois discret, serein, concis. Et tu n'auras plus qu'à embrayer sur un autre sujet. Intéresse-toi à Jaroslava, ça te fera le plus grand bien. Sa voix mettra de la fraîcheur dans ta vie.

Dans la chaleur de ce mois de juillet, Michel remuait des idées inutiles sur le charme de la présence dans l'absence. Combien de temps lui faudrait-il pour digérer le départ de Sophie ? Quelqu'un de normal n'aurait-il pas cherché tout de suite un substitut à l'affection qu'il viendrait de perdre ? Il se mettrait à collectionner des pochettes d'allumettes, se lancerait dans l'élevage de moutons, s'inscrirait à un cours de gymnastique. Il réagirait ! Il aurait de la volonté ! Il tomberait amoureux d'une autre femme ! ô sainte Marie-Françoise, ô sainte Christine !

Qu'est-ce que la volonté ? Michel n'avait jamais été un fervent adepte de la volonté. Le but de la volonté est de cesser de vouloir. Il préférait la contemplation. En regardant des photos de Sophie, Michel s'était souvenu qu'une loi physique veut que des changements dans un système augmentent le désordre total de ce système. L'augmentation du désordre signale que de l'énergie se dissipe. Pas étonnant qu'il se sente si affaibli.

La volonté ! Un peu de volonté ! Il rêvait au lieu de vouloir, pensait au lieu d'agir : le moi pensant court-circuite l'activité cognitive ! Un savant a toujours besoin d'un philosophe. Nietzsche — l'idole de ses vingt ans — affirmait que la volonté veut que tout se répète et revienne, mais Nietzsche avait fini par embrasser un cheval dans la rue. Michel n'était pas encore prêt à embrasser un autobus. La volonté et l'action le narguaient derrière une vitre blindée, comme d'inaccessibles bijoux. La volonté ne peut pas vouloir en arrière. S'il pouvait vouloir que Sophie ne soit pas partie ! Si Nietzsche avait raison ! L'éternel retour de Sophie !

Allons, Zednik ! Pense plutôt que tout ce

qui donne de la joie est bon. Un peu de patinage artistique dans le labyrinthe de la prédestination ! Quitte le camp des rétractés ! Dilate-toi ! Pourquoi les méchants sont-ils souvent heureux, et les bons si souvent malheureux ? Allons, du nerf ! Relis les lettres d'Epicure au lieu de prendre un air attendri en relisant celles de tes filles.

Ou bien, va voir tes parents. Ton père compte sur toi, Michel ! Qui d'autre ira cacher dans sa chambre la bouteille de cognac qu'il espère ? Sûrement pas ta mère, qui s'épanouit dans sa vocation tardive d'infirmière major. Je sais, ton père est moins malade que ta mère ne le prétend, mais il va quand même être opéré à la fin de l'année. Et puis, sois gentil avec ta mère. Ce n'est pas sa faute si elle est en bonne santé. Revoir ta ville natale te distraira. Tu as toujours aimé te promener dans le Jardin du Mail. C'est dans ce jardin que tu as embrassé une fille pour la première fois. Elle s'appelait Monique Beaujard, un nom qui vient de « beau jardin » ! Tu pourras retourner au musée. C'est toujours amusant de revoir les peintures qui ont troublé un garçon de douze ans. Ton affolante Bethsabée sur ses coussins !

Tu avais commencé d'écrire un poème en pensant à elle.

Michel ne savait plus quelle était la marque de cognac réclamée par son père. Sophie avait dit qu'elle s'en chargeait. Il était prévu qu'ils partent tous les trois pour Angers la semaine prochaine. Zoé qui aimait tant les grenouilles en bronze de la fontaine du Mail ! Il y en a huit. Elle les comptait chaque fois.

Michel avait l'impression que sa vie se rapetissait. L'inquiétude lui avait toujours paru un signe de bonne santé mentale. L'inquiétude, c'est la primauté du devenir sur l'être. Devenir autre que soi-même ! L'inquiétude de l'être était une intuition métaphysique typiquement zednikienne. Michel était surtout inquiet de voir que son inquiétude se réduisait à quelques alternatives : téléphoner ou ne pas téléphoner, — s'endormir ou ne pas s'endormir, — se mettre au travail ou rêvasser.

Où avait-il lu que le Dieu hégélien est biologiste ? S'il retrouvait la phrase, il pourrait la citer dans sa conférence. Dieu biologiste serait plus convaincant que le patriarche Noé et ses couples d'animaux.

« Tout brille afin de s'éteindre, rien n'est fait pour rester, écrivait Hegel. Chaque voyageur a ressenti cette mélancolie, *diese Melancholie.* Qui ne s'est pas trouvé parmi les ruines de Carthage, de Palmyre, de Persépolis, de Rome, sans que cela provoque en lui un sentiment de deuil pour une vie ancienne, féconde et forte ? » Michel avait vite refermé *La raison dans l'Histoire,* un livre trop déprimant pour lui.

Les ruines de Palmyre étaient celles de son mariage avec Sophie. Il se débrouillait encore bien en allemand, mais il n'était pas en état de se mesurer à la catégorie du changement, même si Hegel avait pris la peine de préciser à ses étudiants que l'homme réel, concret, doit avoir *Gehirn im Kopfe und ein Herz in der Brust,* un cerveau dans la tête et un cœur dans la poitrine. Michel aurait pu citer Chateaubriand : « J'ai le cœur en bandoulière. » C'était trop joli pour exprimer ce qu'il ressentait. Il avait le cœur en compote plutôt qu'en bandoulière, et n'aurait bientôt plus de cœur du tout. Il se savait tombé dans un coma affectif qui était une épreuve d'endurance, et qu'il avait envie de comparer à la nuit obscure des mystiques. Si l'amour est la conscience de soi dans l'autre, il était devenu inconscient le jour où il était rentré de Baltimore.

5

Graham Palmer ! C'est évident ! Sophie était partie avec cet Anglais qui était venu dîner plusieurs fois à la maison ! Comment n'y avait-il pas pensé plus tôt ! Sophie avait acheté de nouveaux couverts pour le recevoir, des couverts dessinés par un grand maître du design. Une fortune ! Graham Palmer ! Voilà ! C'était donc ça ! Un garçon bourré de talent, intelligent, drôle, vif, séduisant, mais vas-y, Sophie, n'hésite pas !

Et s'ils allaient baiser devant la gosse ! Ils vont enfermer Zoé avec son chat dans un grenier, et ils vont baiser ! Pourvu que les préservatifs anglais ne soient pas en tweed !

Sophie avec ce porteur de duffel-coat !

Zoé ! Tu ne l'aimes pas, n'est-ce pas ? Ah ! Tu le détestes ! Voilà ce que tu vas faire. Quand il dormira, tu lui crèveras les yeux ! Tu as déjà l'aiguille à tricoter ? Tu préfères la lui enfoncer lentement dans le nombril ? Comme tu veux, ma petite fille, comme tu veux.

Ils t'ont laissée seule dans l'hôtel ? Tu es toute seule dans une vilaine petite chambre ? Et eux ils ont une très grande chambre ? Tu les as vus tous les deux dans la baignoire ? Zoé, où est ta mère ? Elle n'est pas là ? Tu t'es enfuie de l'hôtel ?

Ah ! Vous êtes en Irlande !

Michel était épouvanté. Sa petite fille traînait dans les rues de Belfast ou de Londonderry, où elle allait être tuée par une balle perdue. Sophie était devenue folle entre les bras du monstre du Loch Ness ! Il fallait mobiliser le Quai d'Orsay ! Appeler Scotland Yard ! Europ-Assistance !

Zoé, ma petite Zoé, ma grande fille ! Dans les rues de Belfast, tu verras des hommes en cagoule peints sur les murs des maisons. Ce sont les soldats de l'armée républicaine secrète. Je te raconterai l'histoire de Bernadette Devlin.

Sophie qui rêvait d'aller en Irlande et qui avait toujours dit qu'elle irait avec moi !

Quand même ! Sophie et Graham ! Ce joueur de cricket ! Impensable ! Mais l'impensable est toujours une possibilité.

Ne serait-elle pas plutôt partie avec Giovanni, son Italien des montagnes, son buveur de San Pellegrino, son Vittorio de Sica ? Zoé est dans les Dolomites où il y a des avalanches tous les ans, des avalanches terriblement meurtrières !

Ou bien elle est partie avec... Stop, Michel, assez ! Elle n'a qu'à partir avec qui elle veut !

Après tout, je m'en fous. C'est peut-être le moment de prendre mes ampoules ? Michel, qu'est-ce qui te ferait plaisir ? Phosphore ? Lithium ?

6

En pleine nuit, Michel retrouvait parfois son calme et sa lucidité. Il voyait clairement les choses. Il se sentait prêt à donner les coups de téléphone qu'il s'était défendu de donner pendant la journée. A quatre heures du matin, se disait-il, je ne peux pas appeler mon père. Ni Jaroslava. Pour parler à Jaroslava, il aurait dû réveiller Marie-Hélène. Quand ils étaient jeunes, Marie-Hélène se couchait tard, mais elle avait changé.

Au moment où il en avait le plus envie, il ne pouvait téléphoner à personne. Son père avait peut-être une insomnie au même moment, et il aurait été ravi d'avoir le benjamin de la famille au bout du fil. Mais non ! Ils restaient chacun dans leur coin, à se morfondre dans leurs lits respectifs. Ils auraient pu, comme au bon vieux temps, quand une fringale les prenait vers minuit, aller dans la cuisine et bavarder jusqu'à ce que l'un des deux tombe de sommeil. Joseph Zednik avait toujours adoré le théâtre, surtout le vaudeville. Il savait une quantité de répliques par cœur et, tout en surveillant son frichti (un mot que Michel n'avait pas entendu depuis si longtemps), il jouait les pères nobles ou les maris trompés. « Ferme bien la porte, qu'on ne réveille pas les autres ! » Michel s'empressait d'obéir, et alors son père déclamait d'une voix forte : « Si Paris était aux antipodes, il serait seulement minuit. Je pourrais dormir encore sept heures ! Je passerais pour un homme matinal ! Quel est l'idiot contrariant qui a fichu Paris de ce côté-ci du globe ? »

Etendu sur son nouveau matelas, Michel ne regrettait pas d'avoir grandi mais il aurait voulu que son père n'ait pas vieilli.

Quelle serait la première phrase de sa conférence : « L'homme n'a pas de mémoire, il est mémoire... » Ou bien : « Mesdames, Messieurs, je pense, donc je me souviens » ? Et la notion de nouveauté radicale, alors ? Mesdames, Messieurs, il faut que je me repose. Un bon conférencier est un conférencier reposé. Qu'on me laisse donc dormir ! Papa, arrête de me faire rire ! Occupe-toi d'Amélie ! Arrête, s'il te plaît ! Non, sérieusement, écoute, je dois dormir !

Mais, Papa, que se passe-t-il ? Tu ne te sens pas bien ?

Papa !

Non !

La cuisine de ses parents était devenue un couloir d'hôpital. On poussait Michel dans un box de réanimation, où son père était mourant.

Michel se disputait avec une infirmière qui n'appelait pas assez vite l'interne. Il maintenait le masque à oxygène sur le visage de son père qui étouffait. « Détresse respiratoire aiguë », avait dit l'interne qui s'était contenté de faire une apparition dans le box. Il n'avait soi-disant pas le droit d'augmenter les doses prescrites. Michel criait : « Impossible d'augmenter votre dose de connerie, plutôt ! Ni votre dose de trouille ! Courage, fuyons ! Pauvre petit con minable ! » L'autre avait disparu en bafouillant « je vous en prie, voyons, je vous en prie, nous sommes dans un hôpital ».

Michel s'approchait de son père couvert de sueur :

— Ne t'en fais pas, dans huit jours je t'emmène au théâtre. Papa, on sortira tous les deux. Qu'est-ce que tu as envie d'aller voir ? Du Labiche, du Feydeau ? Ou Courteline ? Toi, tu préfères Courteline. Après le spectacle, on dînera au champagne ! Je passerai au théâtre, je prendrai les deux meilleures places.

Son père avait perdu vingt kilos en quelques jours. Il avait sans doute les poumons inondés. Il n'arrivait à prononcer qu'une ou deux syllabes à la fois. Il lui fallait aussitôt reprendre son souffle.

Il s'agitait. Il avait réussi à ouvrir les yeux. Voulant que son fils comprenne ce qu'il avait à dire, dans un effort désespéré, il avait articulé quelques mots :

— Je... pré... fè... pré...

— Tu préfères ? Qu'est-ce que tu préfères, Papa ?

— Pré... fère... Feyd... Feydeau...

Joseph Zednik avait alors voulu se tourner vers son fils. Il n'avait pu que laisser retomber sa tête à côté de l'oreiller, en grimaçant au lieu de sourire. Il avait de nouveau essayé de parler. Michel avait seulement compris le mot « drain ».

Les lumières s'étaient brusquement éteintes, comme si tout avait disjoncté dans l'hôpital. Un silence de mort... Plus rien.

Haletant, pâle, mal réveillé, Michel s'était assis sur son matelas, angoissé par une absence inhabituelle de bruits dans la rue. Une nuit d'été en plein Paris, et pas une seule voiture, pas de rires, aucun cri, aucune musique. C'était oppressant. Dans le noir, il s'était dirigé comme un somnambule vers la salle de bains. Il ne s'était pas senti la force de prendre une douche et il était revenu s'étendre.

A l'aube, ne sachant pas s'il avait dormi dix minutes ou deux heures, il avait tiré le téléphone vers lui et composé le numéro de ses parents. Sa main tremblait. Il avait dû s'y reprendre à plusieurs fois.

Sa mère avait décroché, inquiète : « Zoé n'est pas malade, au moins ? » Pourquoi avait-il répondu que Zoé se trouvait chez les parents de Sophie, en Irlande ? « En Irlande ! », avait dit sa mère. « Euh... Je voulais dire en Ardèche, bien sûr ! » Sa mère, qui élevait des oiseaux exotiques, lui avait parlé d'un couple de tisserins qu'elle venait d'acquérir : « Une espèce appelée pinsons admirables, qui ont la tête rouge et turquoise. Ils gazouillent, ils ont l'air très contents. » Michel avait demandé comment allait son père. Oh ! il gazouillait, lui aussi, et il était dans une forme resplendissante. « Tiens, je te le passe, il est à côté de moi. » Son père avait été consterné d'apprendre que Michel partait pour Barcelone au lieu de venir le voir. On avait avancé la date de son opération. Pour s'y préparer, il relisait *le Malade imaginaire.* « Un petit clystère insinuatif, préparatif et rémollient, pour amollir, humecter et rafraîchir les entrailles de Monsieur... Tu vois, en vieillissant, j'apprécie de plus en plus Molière. » Il avait pris des nouvelles de Sophie : « Puisque Zoé n'est pas là, ça vous donne l'occasion de passer une lune de miel tous les deux ! » Il avait dit à Michel d'embrasser très fort Sophie pour lui, et Michel avait promis de le faire.

En appelant chez Marie-Hélène, Michel

avait appris que Jaroslava avait quitté Paris deux jours plus tôt.

Il avait demandé cent fois à Marie-Hélène de faire installer une ligne téléphonique pour leur fille. Il avait horreur, quand il souhaitait parler à Jaroslava, d'avoir affaire à d'autres voix que la sienne. Marie-Hélène s'était remariée avec un concepteur publicitaire que Jaroslava aimait bien. La perspective de tomber sur cet homme trop exubérant retenait souvent Michel d'appeler sa fille. C'était pourtant par lui qu'il fut informé que Jaroslava avait tenté de le joindre au téléphone pendant toute la soirée, la veille de son départ.

C'était le soir où, allant si mal, il avait débranché son téléphone. Il comptait tant sur sa fille aînée ! La revoir l'aurait certainement remis d'aplomb. Elle était partie en voiture pour Rome avec une de ses copines. Il y avait tellement d'accidents chaque été. Si elle lui en avait parlé, il l'aurait convaincue de prendre le train.

D'après son beau-père, elle comptait rester à Rome jusqu'à la fin du mois d'août. Elle allait retrouver là-bas son nouveau petit ami. « Oui, je sais », avait dit Michel qui l'apprenait. Il avait noté l'absence et le numéro de téléphone d'un certain Tonino Paoletti. Il venait de décider qu'après Barcelone, il irait faire un tour à Rome pour avoir Jaroslava. *Via del Tritone,* rien que l'adresse le charmait. Il avait téléphoné à Tonino, un garçon encore plus charmant que son adresse. Jaroslava n'était pas arrivée. Il l'attendait dans un jour ou deux. « Ah, vous êtes le papa ? » Jaroslava était à Florence avec son amie. Elles étaient dans un petit hôtel où il n'y avait pas de téléphone dans les chambres et elles étaient tout le temps sorties. Le papa voulait-il le numéro de l'hôtel ? Michel avait dit qu'il préférait rappeler à la fin de la semaine. *Mille grazie, Tonino. Arrivederci.*

Il avait soudain éprouvé l'envie de parler à quelques-uns de ses amis. Ceux dont il connaissait le numéro par cœur avaient l'air d'être tous en vacances. Il laissait sonner dix coups, vingt coups.

Il était temps de quitter Paris. Il arriverait en avance à Barcelone. Il descendrait à ses frais dans un petit hôtel en attendant le début du congrès. Il avait eu la chance de pouvoir réserver une place, la dernière, sur un vol du lendemain : « Le ciel est avec moi ! »

Le matin de son départ, il lui avait paru indispensable d'acheter un répondeur, au cas où Sophie aurait l'idée de lui faire signe avant septembre. Il avait perdu un temps fou à comprendre comment fonctionnait l'interrogation à distance.

Il s'était aussi acheté une veste en lin de couleur « bleu Hoggar ». Il la mettrait pour donner sa conférence.

Après avoir bouclé sa valise, il était parti à la recherche de Dersou Ouzala. Qui s'occuperait désormais de ce chien ? Il voulait lui dire au revoir. Il n'avait personne d'autre à qui dire au revoir.

Dersou était resté introuvable.

7

Michel avait trouvé une petite pension d'une vingtaine de chambres dispersées dans un dédale de couloirs et d'escaliers, sur trois étages, à l'intérieur d'un vieil immeuble de la rambla de Santa Monica. Son attention avait été attirée par une inscription sur un panneau en bois : *Pension completa o solo dormir.* Seulement dormir, c'était ce qu'il lui fallait ! « Solo dormir » avait à ses yeux un autre sens. Dans cet hôtel, on dormait en solo. C'était un hôtel pour hommes que leurs femmes ont plaqués. Il n'avait d'ailleurs rencontré que des hommes seuls dans les couloirs. Sa chambre était plutôt sombre, mais lui aussi.

Il n'était venu qu'une fois à Barcelone, vingt ans plus tôt, et il avait traîné la nuit dans des ruelles où les prostituées semblaient vendre à la fois leurs charmes et les cageots de légumes qui leur servaient d'accoudoirs. A l'époque, avant de comprendre que les *tapas* étaient des hors-d'œuvre, il avait cru que bar à tapas voulait dire bar à tapettes : il venait de lire le *Journal du Voleur* dont le début se passe à Barcelone et il avait retenu l'image d'une procession de travestis en mantilles, châles et robes de soie, allant déposer une gerbe de roses rouges, au petit matin, sur l'emplacement d'une pissotière détruite. L'Espagne d'alors était assez pauvre pour qu'il ait pu s'offrir quelques nuits à l'hôtel Ritz dont il avait encore du papier à lettres dans un de ses tiroirs. C'était l'année où il avait obtenu son premier contrat de recherche au CNRS.

Il connaissait mieux Madrid. Il y était allé pour la première fois en 1962 avec toute la famille. Il avait eu treize ans là-bas et on lui avait offert une série de statuettes en terre cuite, inspirées des Ménines de Velasquez. Il avait réussi à les garder intactes pendant plus d'un quart de siècle, jusqu'à ce que Zoé se prenne d'affection pour elles. A Madrid, il avait été choqué par la pauvreté. Pour survivre, des gens en étaient réduits à vendre des verres d'eau fraîche dans la rue. Leur père leur avait longuement parlé, à lui, à son frère et à sa sœur, de la guerre d'Espagne.

Michel était retourné à Madrid l'année dernière avec Sophie. Ils avaient passé des heures au musée du Prado. Sophie s'intéressait au thème du miroir en peinture. Les plus célèbres miroirs de l'histoire de la peinture n'étaient-ils pas ceux qu'avait peints Velasquez ?

Michel préférait les bouffons et les nains de Velasquez à ses princes, ses papes et ses infantes. Au musée du Prado, il était resté longtemps devant le portrait du bouffon Calabacillas, dit aussi l'Idiot de Coria. Ce bouffon qui avait l'air si sympathique lui ressemblait un peu.

A Madrid avec ses parents, il avait aussi... « Mais on n'est plus en 1962, je ne suis pas à Madrid, je suis à Barcelone ! Je ne viens pas d'avoir treize ans ! Qu'est-ce que ce passé qui s'invite ? »

Il avait ouvert la fenêtre de sa chambre et hurlé : « Sophie ! »

Il avait aimé cette chambre modeste et sa table en bois sur laquelle on avait punaisé une feuille de papier cadeau. Le lavabo était dissimulé par un paravent qui devait être un ancien couvercle de bureau à cylindre.

Sur la table de nuit, Michel avait posé les photos de ses deux filles, et la femme de chambre n'avait pas trouvé assez d'adjectifs pour s'extasier sur les muchachas.

Il avait regretté la pension où on l'appelait *el señor Miguel* dès qu'il était entré dans la chambre luxueuse et impersonnelle où l'avait logé le ministère de la Science et de l'Education, puissance invitante du congrès qui était aussi financé par une ou deux multinationales, ce qui avait permis de regrouper les intervenants dans ce palace de cinq cents chambres, loin de tout, place du Pape Pie XII. Le chauffeur de taxi qui avait pris la valise de Michel dans le couloir sombre du petit hôtel des ramblas avait dû croire, en le déposant devant l'hôtel Princesa Sofia, qu'il venait d'hériter.

De la fenêtre de son palace, Michel apercevait des collines dont il ignorait le nom. Dans la nuit, un phare lançait des éclairs blancs. Un de ses confrères, fervent de voile, lui avait expliqué que les périodes de lumière de ce phare s'appelaient des éclats et les périodes d'obscurité des éclipses. Ce vocabulaire avait charmé Michel. Il avait pensé à Sophie. Tout ce qu'il apprenait, il le rapportait à elle. Il était au bord de la monomanie. Combien de temps durerait l'éclipse de Sophie ?

Le congrès avait commencé par un dîner offert par la ville. Michel avait de nouveau de l'appétit ! Il n'aurait jamais cru qu'il y ait de si bons vins espagnols. Il aurait préféré être à une autre table. Il n'y avait pas de femmes à la sienne. Il s'était attendu à une soirée mortelle mais il avait eu une discussion passionnée avec un neurologue hollandais qui ne voyait pas pourquoi les machines n'éprouveraient pas un jour du plaisir.

Le dimanche matin, on les avait tous emmenés en excursion à l'abbaye de Montserrat, la montagne sciée. Ils avaient assisté à un concert de musique catalane ancienne, dont les compositeurs avaient été des moines de cette abbaye. La soprano, la contralto et la violoncelliste se prénommaient toutes les trois Montserrat. Elles étaient jeunes et elles avaient rougi quand elles avaient été applaudies. Michel n'avait pas écouté de musique depuis le départ de Sophie. Bien sûr, ce n'était pas le Joe Cuba Sextet et un mambo lui aurait donné plus de tonus qu'un chant liturgique, mais les trois jeunes filles lui avaient rappelé l'existence de la concentration et de la sérénité.

Il n'avait pas été un congressiste assidu. Il avait fait des escapades dans le quartier médiéval où des travaux mettaient au jour les assises d'une ville romaine. Avant les Romains, Barcelone avait été une ville carthaginoise. Les Wisigoths, puis les Arabes, l'avaient conquise. Charlemagne l'avait fait entrer dans l'empire franc. Les Français et les Anglais se l'étaient disputée. Michel avait comparé son passé à celui de Barcelone. Lui aussi avait été carthaginois. Il avait été plusieurs fois conquis et libéré, s'épanouissant dans des alliances mais saccagé en ce moment par la guerre civile. Car la guerre civile faisait rage en lui ! Il se dévastait lui-même. Il passait son temps à déterrer des ruines. Se rendrait-il jamais assez compte qu'il n'osait pas désobéir à son passé ? Il était encore en train de mentir à ses parents ! Oui papa, oui maman, j'embrasserai bien

Sophie pour vous ! Toujours en train de sortir du ventre de sa mère ! Maman, ne me laisse pas tomber ! Et toi non plus, Sophie ! Comme si de prétendues lois psychologiques avaient toujours été plus fortes que le violent désir qu'il éprouvait parfois de casser la baraque et d'être le premier surpris de ses audaces, sinon de ses décisions. Prendre des décisions, prendre son courage à deux mains, prendre son élan, prendre des risques et prendre le dessus ! Quel programme ! Prendre le taureau par les cornes ! Olé ! Pour commencer, il s'était dit qu'il allait prendre un verre de xampán, avant de partir à pied pour l'université. L'heure de sa conférence avait sonné !

L'amphithéâtre était plein. Pendant que le professeur Rubio Tovar le présentait chaleureusement, en espagnol et en anglais, Michel avait paniqué en s'apercevant qu'il avait oublié une partie de ses notes à l'hôtel. Il y avait dans la salle des professeurs de biophysique et de psychophysiologie, des pontes de la biologie moléculaire et des titulaires de chaires dans d'importantes universités européennes et américaines. Son intervention avait frôlé la catastrophe. Tandis qu'il se référait aux découvertes de Rosenfeld et d'Evans dans leurs laboratoires de San Diego, il avait eu le cerveau envahi par des images de palmiers californiens et de ports de plaisance. Voulant parler de neurohormones peptidiques, il avait failli faire l'éloge du climat de Pacific Beach, où il voyait nettement Sophie sortir de l'eau, radieuse et attirante. Il avait été sur le point de crier à l'assistance que toute cette biologie amphigourique ne présentait aucun intérêt et qu'il avait le devoir de signaler qu'il venait de faire à l'instant une découverte fondamentale concernant le système hormonal des hommes que leurs femmes trahissent. Parfaitement ! Lui, Mike Zednik, dans son labo de Pacific Beach ! En collaboration étroite avec son épouse et assistante, Sophie Esther Williams Zednik.

Quand il avait pris conscience que c'était lui-même qu'il s'apprêtait à interrompre, la surprise l'avait laissé sans voix pendant un temps qui lui avait paru interminable. Personne ne remuait dans la salle. On l'écoutait avec attention. Il avait pensé à ses camarades restés à Paris. Il avait réussi à terminer son exposé d'une façon cohérente.

Avec une soudaineté épuisante pour ses

nerfs, il passait de la plus totale perte de l'estime de soi, que les auteurs des manuels feuilletés chez le docteur Pinson trouvaient si caractéristique de l'état de dépression, à une confiance illimitée dans sa force de caractère qui, après l'avoir sauvé du désastre pendant qu'il parlait, lui permettrait un jour de reconquérir Sophie.

Dès qu'il irait mieux, il reprendrait sa conférence de fond en comble et il la publierait. Il savait que ce qui compte, pour un scientifique, est moins d'avoir des idées vraies ou fausses que des idées qui soient la source d'un travail fécond.

Après la séance de clôture du congrès, ils avaient décidé à quelques-uns de dîner ensemble. Ils n'avaient pas trouvé le restaurant indiqué par le concierge de l'hôtel. Ils avaient fini par entrer dans un endroit ouvert toute la nuit, où des odeurs de poisson grillé se mêlaient aux parfums des quatre serveuses qui allaient à tour de rôle, plus ou moins dévêtues, danser sur une petite scène aménagée près de la caisse. Le premier qui parlerait du chaos dans les systèmes biochimiques serait condamné à payer les boissons. « Je me dévouerai », avait dit le vieux professeur Carlsen. La serveuse qui s'occupait de leur table s'appelait Carmen. Au moment de leur départ, elle avait dansé vêtue d'un slip et d'un soutien-gorge qu'elle avait agrémentés de paillettes. Le professeur Carlsen avait dit que sa meilleure assistante avait payé ses études en étant go-go girl dans un bar de Copenhague. Il avait dit « go-go girl » comme il aurait dit glycogène ou myoglobine. Carmen leur avait envoyé de grands baisers d'adieu en chantant *Soy la chica Chewing-gum.*

Tandis que les autres prenaient des taxis pour rentrer à l'hôtel, Michel avait préféré se dégourdir les jambes. Il comptait rejoindre les ramblas et s'était enfoncé dans une ruelle où l'avaient attiré les cris d'un mainate qu'une femme tentait de vendre à des marins en leur assurant que l'oiseau savait dire « Hello Donald Duck ! » Plus loin, il s'était arrêté devant une cage malodorante où trois malheureux singes s'affairaient à décortiquer des cacahouettes. Quelques prostituées s'apitoyaient sur eux. Michel avait échangé un sourire rapide avec l'une d'entre elles. Un homme s'était approché : « *Monkeys ! Maca-*

cos ! » Michel avait sursauté, on lui agrippait une jambe : « Mais merde, qu'est-ce que c'est ? »

Derrière lui, un nabot en smoking lui souriait en découvrant une rangée de dents en or :

— Bonsoir, monsieur, vous êtes français ! Je les reconnais au premier coup d'œil. Je m'appelle Leopoldo, ami de la France. Et vous ?

Michel avait serré à contrecœur la main molle qui lui était tendue :

— Michel. Je m'appelle Michel.

— *Bienvenida,* monsieur Michel ! Je connais Paris. Porte de Champerret ! J'ai habité là il y a longtemps. Vous ne voulez pas acheter un singe ? Ils sont vaccinés, certificats, pas de problèmes avec la douane. Tu es marié ? Très beau cadeau pour ta femme...

— Ma femme est déjà rentrée à l'hôtel. Elle m'attend.

— Barcelone, grande ville... Longtemps pour rentrer...

Le nabot s'était enhardi et triturait le bouton de la veste de Michel qui n'osait pas reculer.

— Ecoute, Michel. Tu veux une *prostituta ?*

Très belle... Avec moi, elle va te faire un prix... Il y a de très gentilles filles dans cette rue. Leopoldo te montre et tu choisis. Pas beaucoup d'argent, beaucoup de plaisir. Je te propose ma meilleure *amiga*... Tu ne peux pas refuser, ce ne serait pas convenable... Pas convenable du tout...

Il avait fait signe à une fille qui s'approcha :

— Caresse-la, elle est très douce.

— Ecoutez, je viens de vous dire que ma femme m'attend à l'hôtel !

— Tu peux simplement boire un verre avec la petite. Vous êtes seuls tous les deux, là, dans le magasin de mon ami.

Sans s'arrêter de sourire, Leopoldo avait sorti un couteau à cran d'arrêt avec lequel il s'était mis à se curer les ongles.

Non seulement Michel allait devoir acheter un singe, mais il allait attraper le sida ! Il allait baiser debout en pleine rue, entre un nain et un marchand de macaques !

Et s'il ne bandait pas ? Leopoldo le châtrerait d'un coup de ses dents en or ! Pour lui voler la montre que Sophie lui avait donnée à Noël, Leopoldo allait le poignarder ! *La mort prématurée de Michel Zednik n'est pas seule-*

ment une cause de profond chagrin pour ceux qui l'ont connu, c'est aussi une perte irréparable pour la science. Sophie, ne pleure pas ! Je sais ! Tu n'aurais jamais dû me quitter ! Jaroslava, Zoé ! Vous allez devoir être courageuses ! Montrez-vous dignes de votre père ! Sophie chérie, il faut que tu sois heureuse, n'hésite pas à refaire ta vie avec Graham ! Deviens Mrs Palmer ! *Reception at Claridge's after the marriage of Mr Graham Palmer, son of Lt-Colonel and Mrs Edward Palmer, to the Honourable Sophie...* Envoie un carton d'invitation à mes parents ! Dis-leur que c'est de ma part !

Et ce nabot qui se montrait de plus en plus menaçant ! Il passait et repassait la lame de son couteau sur les revers de soie de son smoking. D'une grimace, il avait renvoyé la fille.

— Alors, Michel, donne un peu de fric à Leopoldo, et je te lirai les lignes de la main.

Surpris de s'en tirer à si bon compte, Michel avait sorti quelques billets de banque, que le nabot avait prestement fait disparaître sous son veston en même temps que le couteau.

Michel avait alors dû supporter l'haleine de Leopoldo sur sa paume.

— *Qué desgracia...* Tout va mal pour toi...

Perdido... Mais je ne vois pas de femme... Michel, tu n'as pas de femme ! Aucune femme ne t'attend. Tu es comme moi ! Tu es seul ! Ah ! Ah ! Ah ! Ah !

Les singes s'étaient mis à glapir à leur tour. Michel s'était enfui en courant. Il n'avait pas réussi à trouver un taxi tout de suite et il s'était retourné pour voir si le gnome ne le suivait pas. Dans sa chambre, il s'était longuement lavé les mains. Il avait cru qu'il n'arriverait jamais à oublier les petits doigts moites de Leopoldo sur sa paume.

Le lendemain, quand il était descendu à la réception, le concierge lui avait appris que tous ses collègues avaient quitté l'hôtel, *todo el mundo, todos los científicos.* Il était deux heures de l'après-midi et il n'avait pas encore libéré sa chambre alors que les autres se trouvaient déjà dans des avions. Ils rentraient chez eux. Ils seraient bientôt dans les bras de leurs femmes.

Il était sorti se promener. Il aurait pu retourner dans sa pension de la rambla de Santa Monica, mais il préférait la fuite en avant au retour en arrière. En passant devant les vitrines des antiquaires du Paseo de Gracia, il s'était souvenu de Jaroslava quand elle avait trois ans et qu'il était entré avec elle dans un magasin d'antiquités rue Bonaparte. Elle avait dit : « Pourquoi c'est cassé ? »

Cette évocation l'avait bouleversé.

Il n'avait qu'une envie, aller voir Jaroslava à Rome. Il était rentré à l'hôtel et il avait demandé au concierge de lui trouver une place sur n'importe quel vol pour Rome ou Milan. Au bout de plusieurs tentatives, il avait réussi à joindre Jaroslava au téléphone. Elle était heureuse à Rome. Elle s'y sentait comme un poisson dans l'eau. Tonino s'apprêtait à tourner avec des amis un film d'une demi-heure qu'il espérait vendre à la télévision, et elle avait été engagée comme script. Le tournage commencerait bientôt et prendrait une semaine. Elle trouvait Tonino merveilleux. Il deviendrait un grand metteur en scène. Elle serait contente que son père passe lui dire bonjour à Rome, mais après le tournage.

Michel avait été affreusement déçu en apprenant qu'il lui était impossible de voir sa fille tout de suite.

Il aurait pu rester quelques jours de plus à Barcelone. Rien ne le pressait, dorénavant. Il avait apporté du courrier en retard auquel il aurait répondu en se prélassant sur la Costa Brava, mais le tourisme transformait les plages en autant de musées des horreurs.

Le concierge l'avait informé qu'il n'y avait plus de place sur les vols directs pour l'Italie. La seule possibilité qui restait pour gagner Rome en avion était de passer par Zurich ou Francfort. Et pourquoi pas Oslo et Istanbul ? Michel ne resterait pas dans cet hôtel. Il avait bouclé sa valise.

Il avait marché vers le port où était amarrée à quai une réplique de la caravelle de Christophe Colomb, ce qui lui avait donné envie de partir pour l'Italie en bateau. Il n'avait pas pris le bateau depuis des années. Il était entré dans une agence de voyages et il avait été obligé de prendre une cabine extérieure. C'était ce qu'il y avait de plus cher mais il n'avait pas eu le choix. On lui avait fait remarquer qu'il avait beaucoup de chance de trouver une cabine libre en plein mois de juillet.

En sortant de l'agence, il était tombé en arrêt devant une vitrine pleine de boussoles. Les boussoles avaient toujours été pour lui, avec les toupies, les plus poétiques des objets.

La vendeuse était charmante et il n'avait pas su lui résister. Il était ressorti avec des jumelles qui allaient lui permettre d'admirer des dauphins et de suivre de près des batailles d'espadons. Ces jumelles avaient des optiques au baryum, ce qui n'aurait pas dû l'impressionner, lui qui travaillait avec un microscope électronique pourvu de trois écrans d'observation. Dans l'état où il était, il aurait sans doute mieux fait d'acheter une boussole. Il faudra qu'un jour il se débarrasse de cette manie d'entrer dans les magasins chaque fois qu'une vitrine l'intéresse, d'autant plus que toutes les vitrines l'intéressent. Quand il allait bien, il était capable de s'intéresser à tout et vivait dans un état d'enthousiasme permanent. S'il ne supportait pas de rester à Barcelone, c'était un mauvais signe. D'habitude, il voulait rester partout où il arrivait. Pourquoi ne pas s'installer dans les villes qu'on se contente de visiter ? On les aime, ces villes, et on les laisse tomber ! Comme Sophie avec lui !

Le bateau allait jusqu'à Naples, avec des détours par la Sardaigne, la Corse, Gênes, Livourne... Il avait donc pris un billet pour Naples, où il connaissait des gens qui seraient sûrement partis en vacances. De Naples, il prendrait plus tard un train pour Rome.

A Naples, il irait manger au bord de la mer, il retournerait dans un de ces restaurants qui sont coupés de la ville par une avenue où les voitures roulent à fond de train sans s'arrêter aux feux rouges. Pour traverser, il faut prendre son élan en espérant que les chauffeurs seront assez adroits pour vous éviter ! Il avait repensé avec plaisir à ses déambulations nocturnes dans les rues en pente où les maisons étaient comme des assemblées de bossus et de boiteux. Les amis qui l'avaient reçu la dernière fois habitaient un dixième étage et il fallait mettre des pièces de monnaie dans l'ascenseur pour qu'il consente à fonctionner. Il irait prendre des cafés dans la grande Galleria et il traînerait dans le quartier de Spacca Napoli. Une ville où on brûle les feux rouges et où on engage sans hésiter sa voiture dans les sens interdits était faite pour lui ! Après des mois de travail silencieux, Naples lui ferait du bien. Il retournerait à l'hôtel Santa Lucia, et demanderait une chambre avec vue sur la baie et il dormirait la fenêtre ouverte, les bruits d'une ville étrangère lui ayant toujours paru plus agréables que ceux de Paris qui réveillaient en lui des instincts meurtriers. Il s'endormirait bercé par les rires et les klaxons napolitains, les motos pétaradantes, les groupes de touristes qui chantent à tue-tête *Funiculi Funicula,* les cloches des églises, les mandolines des restaurants, les voix nonchalantes des guappi qui interpellent une fille : « Catarina ! Catari... »

Il était passé par Naples avec Marie-Hélène pendant leur voyage de noces. Ils avaient vu l'enterrement d'un enfant, un minuscule char blanc tiré par un cheval blanc. Derrière, les parents jetaient des poignées de dragées que des gosses ramassaient en se battant.

8

Michel devait embarquer en fin d'après-midi. Il faisait extrêmement chaud. Arrivé en avance, il s'était assis à l'ombre sur l'esplanade et il avait observé les bateaux de plaisance qui manœuvraient. Il n'y avait pas la moindre brise de mer. En s'avançant vers le navire, il avait vu arriver une horde de jeunes gens et de jeunes filles qui, de loin, paraissaient tous plus beaux les uns que les autres, et qui seraient ses compagnons de voyage. Il était monté à bord du M.V. *Ramon Berenguer III*, une sorte de paquebot mixte avec un pont-promenade qui lui avait remémoré des images de films. Sur le pont supérieur, une terrasse panoramique était devenue en un rien de temps le quartier général des jeunes qui se répandaient dans le navire comme des hannetons sur un rosier. Ils voyageraient sur le pont. Michel n'aurait jamais eu la santé de faire comme eux. Il venait de vivre des semaines exténuantes et il préférait être seul. Il s'était dirigé vers sa cabine, en contournant une bande de jeunes Italiens qui jouaient aux cartes. Son hublot ouvert, il les entendait crier *Scopa !* Là-haut, en plein soleil, avec leurs sacs à dos multicolores, d'autres jeunes s'entassaient les uns sur les autres et ressemblaient aux éclats de verre mobiles d'un kaléidoscope. Quand Jaroslava était allée dans les îles grecques l'année dernière, avait-elle voyagé de cette façon ? Avait-elle un sac à dos ? Michel n'en savait rien, mais Jaroslava était trop indépendante, il ne l'imaginait pas faisant partie d'un groupe, même si les groupes qui se forment sur des bateaux se désagrègent au fur et à mesure des escales.

Connaissait-il bien ses deux filles ? Il pensait aux nombreux moments où il s'était retrouvé en tête à tête avec Jaroslava ou Zoé. Il n'y avait pas si longtemps, quand les personnages d'un film l'effrayaient, Zoé, elle qui voulait toujours être près de l'écran, disait à l'oreille de son père : « Et si on allait s'asseoir au fond ? On serait mieux. » Après le film, ils mangeaient des glaces et discutaient du sens de la vie. Quand Marie-Hélène avait dû rester huit jours à Prague, Michel avait trimballé la petite Jaroslava partout avec lui. Elle avait quatre ou cinq ans, et les souris blanches du laboratoire l'avaient beaucoup intéressée. Cette semaine passée seul avec Jaroslava était pour Michel comme un dépôt sacré, comme un élément actif qui rayonnerait pour toujours dans sa vie et, peut-être, dans la vie de sa fille.

Agacé d'avoir dû remettre son passeport à un officier du navire qui ne lui inspirait aucune confiance et qui ressemblait à un coupe-papier, Michel avait commencé à défaire sa valise. Le plafonnier ne marchait pas et les deux appliques en laiton au-dessus de la couchette n'avaient plus d'abat-jour. Il y avait une douche. Il avait posé quelques livres sur la tablette en inox à côté du lavabo. A quoi pensait-il quand il avait mis tous ces livres dans sa valise à Paris ? Qu'il aurait le cœur de lire les trois cents pages de *Rythme et chaos dans les systèmes biochimiques et cellulaires ?*

Pourquoi s'était-il encombré d'un album reproduisant toutes les peintures de Rembrandt, un cadeau de Sophie, d'accord, mais qui pesait au moins trois kilos ? En le lui offrant, Sophie lui avait dit que Rembrandt, même s'il est né vers 1600, est l'un de ceux qui ont fait commencer le XXe siècle. Il avait vécu à Amsterdam, refusant de partir pour l'Italie comme c'était la mode chez les peintres de l'époque.

En posant le lourd album sur la couchette, Michel s'était dit que la peinture est l'œuvre de gens qui sont très seuls pendant très longtemps, qui s'enferment, se mortifient et réfléchissent. « Je suis biologiste et je ne suis même pas foutu de comprendre ma propre vie », avait-il pensé en remontant sur le pont, ses jumelles à la main.

Il avait regardé l'ancre à pattes articulées qu'on remontait et qui lui avait paru sortir de l'eau à regret, le son aigre et régulier du treuil et de la chaîne traduisant une imploration qu'il ne comprenait que trop bien. Lui aussi, il avait été arraché au calme de son mariage par un départ qu'il ne souhaitait pas. Une ancre qui ne retient plus son navire est réduite à rien — de la ferraille qui encombre.

Il avait cherché quelque chose d'autre à observer avec ses jumelles, et l'expression « le grouillement du port » lui avait traversé l'esprit, mais comment braquer des jumelles sur une expression ? Ces simples mots avaient surgi en lui sans qu'il s'y attende. D'où venaient-ils ? Etaient-ils une émanation des bruits et de la pagaille du port ? Ou bien des traces laissées par des lectures anciennes, *Raids sur mer, Le Frère-de-la-Côte ?* Les fameuses altérations plus ou moins irréversibles qui font qu'on se souvient ?

Aurait-il osé écrire sur une carte postale : « Chère Sophie, à Barcelone le grouillement du port... » Et pourtant les mots *le grouillement du port* lui avaient apporté un message d'espoir. Il faisait lui-même partie de ce grouillement. C'était celui de la vie, et, par cette chaude fin d'après-midi d'un été catalan, sa vie venait s'insérer dans le grouillement cosmique, enchâssée dans le port de Barcelone comme une pierre précieuse dans le chaton d'une bague. Le grouillement de la vie l'avait reconnu et l'accueillait. Tous ceux qu'il aimait l'avaient rejoint. Son père était ce vieux pêcheur rafistolant un filet. Zoé courait après des mouettes et, si elle continuait, elle allait tomber dans l'eau. Heureusement que sa grand-mère était avec elle ! Marie-Hélène prenait un bain de soleil à l'avant d'un yacht. Jaroslava en robe rouge (une robe empruntée à sa mère) leur faisait à tous de grands signes depuis la cabine d'un téléphérique.

C'était si paisible. Il communiait avec l'univers. Il songeait aux savants qui avaient vécu avant lui, à ceux qui avaient su que le contraire d'une vérité profonde est souvent une autre vérité profonde, à ceux qui avaient trouvé un caractère objectif à la simplicité des lois naturelles — et pendant qu'il pensait à eux, leur sang circulait dans ses veines. Il communiquait avec le grand Tout. En pleine euphorie dynamogène, il s'apprêtait à mêler sa force à celle de la gravitation universelle... Il avait dérapé en se demandant quand et comment ladite force avait pu satisfaire ou décevoir Sophie. Où était Sophie ? Ne se déshabilleraient-ils plus jamais ensemble ? Mais quoi ? Etaient-ce les vibrations du pont, le martèlement des moteurs diesel, qui le ramenaient vers ces joies révolues ?

Il n'allait tout de même pas se mettre à vivre aux dépens de son passé, en comptant sur des souvenirs qui ne pouvaient plus rien pour lui ! Dans l'immédiat, il ferait mieux de se confier au ciel et à la mer, à l'air, à la lumière.

Il avait oublié de demander combien de jours durerait la traversée. On le lui avait sûrement dit à l'agence, et il n'avait pas dû faire attention. Souhaitait-il que ce voyage n'ait pas de fin ? Quand il était petit, il ne comprenait pas pourquoi il fallait quitter les maisons de vacances et, le dernier jour, il se cachait dans un coin de cave en bravant les toiles d'araignées, pleurait et se débattait comme un beau diable dans les bras de son père venu le chercher pour l'installer de force à l'arrière de la voiture.

Le paquebot se mit en mouvement, s'éloignant de la darse et traversant les bassins du port de commerce. Michel regarda les collines, les arbres. Il était content que la terre s'éloigne. Bientôt, ce serait le large.

Une jeune fille surgie d'une écoutille marchait si vite qu'elle aurait dû passer devant lui sans le voir, mais elle s'arrêta brusquement et lui sourit. D'une jolie voix usée et rauque comme celle d'un enfant qui a trop crié, elle lui demanda en anglais s'il parlait français :

— Excusez-moi, pouvez-vous me prêter vos jumelles ? Je vous les rends tout de suite. J'en ai juste pour une minute.

Les jumelles en main, elle partit en courant vers le pont arrière où Michel finit par la retrouver. Leur bateau venait de quitter l'abri de la digue longue de plusieurs kilomètres qui protège le port de Barcelone. Dans la rade, de nombreux navires au mouillage attendaient qu'on leur assigne une place à quai.

La jeune fille, qui se tenait très droite, semblait avoir pointé les jumelles sur une vedette bleue qui manœuvrait pour éviter l'étrave d'un yacht. A bord de la vedette, Michel crut distinguer des silhouettes d'hommes-grenouilles.

Il observa la jeune fille qu'il voyait de profil. Les hommes de la vedette firent des signaux avec un projecteur à main assez puissant pour être visible de jour. Michel aperçut un drapeau jaune qu'on agitait. La jeune fille l'avait vu aussi. Elle leva les bras comme si elle venait de répondre aux signaux lumineux par un geste convenu d'avance. Les hommes de la vedette avaient dû se rasseoir. Michel ne les voyait plus. Il aurait voulu reprendre ses jumelles et regarder à son tour. La jeune fille les avait posées à ses pieds et restait immobile, le ventre appuyé à la rambarde.

Elle portait une petite robe noire moulante, une sorte de justaucorps à dos plongeant dont Sophie aurait raffolé, et contrairement aux autres jeunes que Michel appelait déjà les « Sacs à dos » comme s'ils formaient une tribu au même titre que les Iroquois ou les Micmacs, elle était très chic.

Sa minirobe laissait voir ses épaules nues (« deux opales », pensa-t-il, « deux opales miellées ») et de longues jambes blanches (de l'albâtre). Sans doute suivait-elle la vedette qui repartait à belle allure vers la côte, laissant un sillage que Michel, en veine de comparaisons, se surprit à rapprocher d'une courbe clothoïde.

Les jumelles étaient là, par terre. Michel n'aurait eu qu'à s'avancer un peu pour les reprendre entre les pieds nus de la jeune fille. Elle arrangea ses cheveux et se dégagea la nuque. Il aurait dû être coiffeur ! Il était sensible à la grâce des gestes que font les femmes lorsqu'elles s'occupent de leurs cheveux. Il ferait bien de rentrer dans sa cabine s'il ne voulait pas devenir un morceau de fer attiré par un aimant. La jeune fille se retourna. Elle lui sourit pour la deuxième fois :

— Ah ! Vous êtes là ! Merci beaucoup ! Merci !

Elle lui rendit les jumelles et l'embrassa sur la joue.

Pris de court, Michel la regarda s'éloigner. Elle avait dû faire de la danse. Cette jeune fille le fit songer à Jaroslava dans quelques années. Il regagna le pont avant, qui était bondé. Les passagers regardaient la mer.

Michel se glissa entre deux familles nombreuses et s'agrippa au bastingage à côté d'un petit garçon qu'il entendit demander : « Est-ce qu'il y a des requins ? » Le paquebot avait à peine parcouru un mille ou deux dans la plus vaste des mers continentales, mais Michel braqua ses jumelles sur la Méditerranée comme si, à travers les bouches de Bonifacio et le détroit de Messine que son imagination alignait, il espérait apercevoir les vergers d'orangers de la Crète, les îles du Dodécanèse, les djebels syriens, les rivières du Liban, les dunes d'Israël.

La mer était calme. Quelques nuages d'une grande élégance formaient dans le ciel des ondulations semblables aux marques que laissent sur le sable les mouvements de la marée. L'horizon devint mauve rosé. Autour de Michel, le pont serait bientôt désert. Les gens avaient faim et devaient coucher leurs enfants, et comme pour s'excuser de partir éclairer l'Océan, le soleil jouait au maître teinturier et bradait ses colorants, purpurine, aniline, indigo, tournesol... Michel leva la tête et vit s'éclairer les feux de position du paquebot, qui étaient sans doute commandés par des cellules photo-électriques.

Il aurait voulu pouvoir rester seul sur le pont toute la nuit, et se perdre dans le firmament au lieu de se perdre dans ses pensées qui lui parurent tout à coup, en présence de la mer, si étriquées. Des rires vulgaires, apportés par la brise, venaient par à-coups interrompre sa contemplation du ciel étoilé. Il pensa à ces anciens monastères russes et grecs où n'existait aucune règle de vie commune, chaque moine vivant comme il l'entendait, s'habillant et se nourrissant à ses frais, des monastères qu'on appelait des monastères idiorythmiques. Les partisans de la vie en commun avaient vite fait de les réformer. « Chère Sophie, je suis idiorythmique. » Savait-elle que *idios* en grec veut dire « qui appartient en propre à quelqu'un » ? Sophie, mon idiote ! Mon idiote idiorythmique ! A chacun son rythme ! Je suis à la recherche du mien.

Il imagina qu'il était le seul passager à bord. L'équipage aurait reçu l'ordre de ne jamais se montrer. Ou bien alors, au contraire, un équipage exclusivement composé de femmes ? Espiègles et libertines ? Le bon vieux rêve masculin ! Qu'en dis-tu, Michel ? L'une après l'autre t'attirant dans la soute à voiles ? On inviterait à bord un ou deux moussaillons aux cheveux bouclés, pour ne pas léser ton homosexualité latente. Et quand ton équipage féminin se rebellera, tu feras comme Christophe Colomb : « Trois jours ! Donnez-moi trois jours et je vous offre… » Leur offrir quoi ? De la poudre de perlimpinpin ? De la poudre aux yeux ? De la poudre et des balles ? Voyons, Michel, que peut offrir à toutes ces femmes le commandant Zednik et sa longue-vue ? A ces voletantes Walkyries, à ces virevoltantes Vénus valsant sur ton navire volage ? Toi qui ne sais pas depuis longtemps qu'un navire volage est un navire mal équilibré, que vas-tu leur offrir ?

Ohé, du grand mât ! Je vous ai vue, sainte Marie-Françoise des Cinq Plaies ! Une Napolitaine ! Dans mes bras ! Et qui se cache entre le petit foc et la trinquette ? Un ange du paradis ! Sainte Marie-Madeleine de Pazzi ! Et la ravissante funambule que j'aperçois sur le bras de petit cacatois ? Ne serait-ce pas l'exquise sainte Christine attendant d'être sauvée par l'archange Michel ? Non, c'est la petite sainte Thérèse ! Celle qui s'est jetée comme un enfant dans les bras du Bon Dieu ! Michel, tu as de quoi bander toute la nuit !

Mais le cœur n'y est pas ! Normal, c'est Sophie qui l'a pris, Sophie et sa Sonate des Adieux ! Une page d'une virtuosité flamboyante ! Avoue que la dernière lettre de ta femme t'en a fichu un coup. Maintenant, tu préfères dialoguer avec les astres ? Pourquoi pas, s'ils te répondent ? Et tu envisages d'accomplir seul tout ce périple, sans savoir où ça te conduira ? Tu attends beaucoup des pensées qui te viendront en regardant la mer ? Pourquoi pas ? Un autre a bien crié *Eurêka !* dans sa baignoire. Sacrés savants ! Vous aimez partir dans la mauvaise direction ! Donc, tu serais seul à bord et un pélican blanc t'apporterait à manger ? Tu enfoncerais ta tête dans son bec ? Ils ont l'air si sympathiques, les pélicans, avec leur petit œil qui surveille tout. Tu vas attendrir le tien, et il sera plein d'attentions pour toi. Ils ont l'habitude, avec leurs petits qui naissent nus et aveugles et qui ont longtemps besoin d'eux.

Michel essaya de dénombrer les feux de route des navires qu'il devinait au loin. Il respira à pleins poumons. Il songea à la stabilité des cellules nerveuses de l'être humain, qui restent inchangées de la prime enfance à la mort.

— Vous voulez une pêche ? Je les ai achetées cet après-midi. Elles sont lavées.

Il n'avait pas entendu arriver son emprunteuse de jumelles. Elle avait changé de vêtements, et portait un pull à manches courtes avec une jupe plissée qui lui descendait jusqu'aux chevilles. Il se rendit compte qu'il n'avait rien mangé depuis le matin et il accepta la pêche avec reconnaissance. Elle lui en proposa une autre. Ils mangèrent en silence un kilo de pêches jaunes.

Elle referma le sac en papier dans lequel ils avaient mis les noyaux et le jeta par-dessus bord. Elle demanda à Michel :

— Ça ne vous dérange pas, si je reste là ?

— Non, au contraire !

Il aurait été déçu si elle était partie. Leurs regards se croisèrent et Michel, observant les yeux verts de la jeune fille, reconnut le picotement qui se manifestait dans son pharynx chaque fois que sa conscience avait à réprimer un sentiment que le reste de son système nerveux se faisait une joie d'accueillir.

Le temps semblait vouloir devenir brumeux. Un seul nuage brillait encore au loin, comme une lampe qu'on a oublié d'éteindre. On discernait déjà moins bien l'écume qui bouillonnait autour de l'étrave. Les premiers promontoires rocheux de la Sardaigne seraient sans doute visibles au petit matin. Michel n'osa pas demander à la jeune fille où elle allait.

Ce fut elle qui rompit le silence :

— Je vais vous raconter une histoire que j'ai

lue et qui se passe en Russie à la fin du siècle dernier. C'est l'histoire de Maria, une belle héritière de dix-sept ans, amoureuse d'un jeune officier sans le sou, qui s'appelle Vladimir. Les parents de Maria lui interdisent de le voir. Dans toutes ses lettres, Vladimir supplie Maria de l'épouser secrètement, et Maria finit par céder. Vladimir avait tout arrangé. Une nuit, un traîneau viendrait chercher Maria pour la conduire à l'église d'un village voisin où Vladimir la rejoindrait, et leur mariage serait célébré avant le lever du jour. Il avait réussi à convaincre un vieux prêtre et trouvé des témoins que cette aventure amusait. Le soir de sa fuite, un soir très sombre de décembre, Maria monte se préparer dans sa chambre et se met à sangloter. Dehors, une violente tempête de neige commence à faire rage. Le cœur chaviré par l'angoisse, Maria enfile son manteau le plus chaud, prend sa valise et sort. Dans la tourmente, elle a du mal à trouver le traîneau qui l'attend. Le cocher envoyé par Vladimir l'installe confortablement et lance les chevaux dans la neige et le vent. Vladimir, qui avait prévu de partir seul de son côté, fait atteler un petit traîneau. Il connaissait bien la route, et l'église n'était qu'à une demi-heure de l'auberge où il était descendu. A peine parti, il est pris dans la tempête de neige. Il ne voit pas à un mètre devant lui. Il se trompe de direction, son cheval se cabre et refuse d'avancer, il va errer toute la nuit et finir par arriver quand il fait jour. Il ne trouve personne et la porte de l'église est fermée. Un peu plus tard le même matin les parents de Maria vont prendre des nouvelles de leur fille. Elle dort à poings fermés. L'après-midi, elle tombe malade et commence à délirer. Elle divaguera pendant des jours et des jours. Elle n'arrête pas de tenir des propos incohérents sur son mariage avec Vladimir. Les parents se disent que la seule façon de la guérir est d'accepter qu'elle épouse ce garçon. Ils l'invitent donc chez eux mais Vladimir fait répondre qu'il n'est plus qu'un pauvre homme qui mérite la mort. Il part se battre au front, et il meurt, en effet. On n'ose pas annoncer tout de suite la nouvelle à Maria. Trois ans plus tard, lorsque le père de Maria meurt à son tour, Maria et sa mère déménagent dans une autre propriété familiale au sud du pays. Maria est rapidement entourée d'une foule de prétendants qu'elle ne regarde même pas, jusqu'à ce qu'elle rencontre Alexandre Bourmine. Elle a vingt ans et lui vingt-six. Ils sont irrésistiblement attirés l'un vers l'autre, mais Alexandre tarde à se déclarer. Un jour, il dit à Maria qu'il l'aime, mais qu'il n'a pas le droit de l'aimer car il ne pourra jamais l'épouser. Il lui avoue un secret, un terrible secret : « Je suis marié depuis trois ans et je ne sais pas qui est ma femme. » Maria devient livide. Alexandre lui raconte comment, une nuit, perdu dans une tempête de neige, il avait aperçu de la lumière qui filtrait de la porte entrouverte d'une église. On lui avait crié : « Ah ! Vous voilà enfin ! Dépêchez-vous ! La mariée s'est évanouie ! On croyait que vous ne viendriez plus ! » Deux hommes l'avaient entraîné devant un autel faiblement éclairé. Il s'agenouilla à côté d'une jeune fille en train de revenir à elle. Et voilà ! Ils avaient été mariés ! On leur avait dit : « Embrassez-vous donc ! » La mariée avait ouvert les yeux et elle avait hurlé : « Mais ce n'est pas lui ! Ce n'est pas lui ! » Alors, avait continué Alexandre, j'ai pris peur, les témoins étaient prêts à m'assommer, j'ai bondi dans mon traîneau et j'ai disparu au triple galop dans la tempête. Où cela se passait-il ? Je n'en saurai jamais rien. Je n'ai plus le moindre espoir de retrouver celle dont je me suis si cruellement moqué. — Mon Dieu, lui répondit Maria, c'était vous ! C'était vous, Alexandre, et vous ne m'avez même pas reconnue ! »

Le navire avait lentement viré de bord pendant le récit de la jeune fille, qui avait parlé d'une traite, sans un regard pour Michel, sans paraître s'inquiéter de savoir s'il écoutait, ni même s'il était encore là comme si, au fur et à mesure qu'elle parlait, elle avait décrit pour elle-même les images d'un monde qu'elle se refusait. Elle sortit un crayon de sa poche et se mit à le mordiller. Elle noua ses cheveux en torsade, les fixa avec le crayon et dit à Michel :

— C'est une histoire rafraîchissante, n'est-ce pas ?... Surtout en plein mois de juillet ! Tiens ! On change de cap. On a dû entrer dans la zone météo Ouest Sardaigne. Je me demande si avec vos jumelles on peut voir les feux de Minorque. Quand on sera plus près de la Sardaigne, il y aura des bouées éclairées. La nuit c'est vraiment beau, mais il fera déjà clair quand on y sera. Je m'appelle Ursule, et vous ?

— Michel Zednik.

— Je tombe de fatigue ! J'ai si peu dormi à Barcelone. On est quatre dans ma cabine, des filles que je ne connais pas, je crois que je vais m'étendre sur le pont.

Elle fit un grand signe de la main avant de disparaître dans une coursive.

Michel s'attarda encore, se laissant saouler par l'air, songeant aux bateaux qui avaient sillonné cette mer avant lui, aux trirèmes et aux boutres, aux caraques génoises, aux vaisseaux de ligne recouverts de cuivre, aux bateaux en bois que les Vénitiens ou les Maltais allaient acheter en Hollande après avoir décimé les forêts méditerranéennes. Il aurait aimé croiser la route d'un navicello transportant du marbre veiné d'or.

Sous le charme de la présence et de la voix d'Ursule, il avait eu l'impression que le paquebot était un immense rocking-chair flottant. Il fut interrompu dans sa rêverie par une bande bruyante de Sacs à dos. Il regagna sa cabine où il s'endormit plus vite que d'habitude et rêva que la jeune mariée du récit d'Ursule, aux prises avec le nabot de Barcelone brandissant un coutelas, était sauvée *in extremis* par un chevalier errant, surgi de nulle part, engoncé dans sa cotte de mailles et dressé sur son alezan : lui.

9

Ursule était une grande nerveuse qui avait un goût prononcé pour l'excessif, et Michel l'aimait bien.

Elle lui avait demandé de pouvoir prendre des douches dans sa cabine où elle avait entreposé deux grands sacs en plastique dans lesquels elle trimballait ses produits de beauté, quelques vêtements, un walkman, de minuscules haut-parleurs et un livre à la couverture abîmée, une *Histoire de la Mythologie* illustrée et en français, qu'elle avait trouvée à Barcelone dans une foire aux livres, et dont elle lui avait lu des passages. Dans ces histoires de nymphes et de géants, de dieux et de déesses, Ursule aimait surtout les noms propres, Nausicaa, Chryséis, Triptolème, Calliopé.

Elle avait l'air de voyager sans autres bagages que ses sacs en plastique, à moins qu'elle n'ait laissé une valise dans la soute. Michel n'en savait rien.

Quand il reconnaissait de loin sa silhouette dans les superstructures du navire, elle évoquait pour lui une de ces amoureuses de légende que Sophie lui avait si souvent montrées dans un album de miniatures du Moyen Age.

C'était une grande bavarde. Elle avait peu dormi et l'avait réveillé tôt, le mettant à la porte de sa cabine pour prendre une douche et laver sa minirobe infroissable. Elle l'entraîna sur le pont, et pendant qu'ils admiraient l'aurore, la sœur du soleil, la déesse aux doigts de rose qui dispense la même lumière aux dieux et aux mortels, elle lui raconta l'histoire de Camille, une princesse romaine qui courait sur la mer sans se mouiller les pieds, et celle de Téthys, la femme d'Océan qui eut avec lui trois mille filles. Ils avaient enjambé des Sacs à dos endormis qu'elle comparait à des guerriers grecs prenant du repos devant les murailles de Troie, dans le désordre de leurs boucliers.

Elle semblait bien connaître la Méditerranée — « oh ! seulement quelques routes de la Méditerranée occidentale », avait-elle dit à Michel qui l'écoutait parler des cratères sous-marins, des grands fonds, du peu d'amplitude des marées et des fleuves tributaires de la mer Tyrrhénienne. Il ne connaissait que l'Arno et le Tibre. Il avait appris des noms de vents, le libeccio, le ponente...

A chaque escale, Ursule avait commenté les installations portuaires. En Sardaigne, elle connaissait tous les caps, Carbonara, Bellavista... Dans deux ports, elle avait dit : « C'est bien d'arriver sur un paquebot, on est prioritaire dans le chenal. »

Elle possédait un bateau qu'elle avait acheté avec l'aide de sa banque et de sa famille, et elle gagnait sa vie en emmenant des gens ici ou là, quelque chose entre la course de taxi et la mini-croisière. Elle travaillait avec deux ou trois agences de voyages. « Je suis née à Nice, j'ai toujours vécu près de la mer. »

A Cagliari, Ursule était venue lui emprunter de nouveau les jumelles. C'était la première fois qu'elle le tutoyait. Comparé à celui de

Barcelone, le port de Cagliari était un port miniature. Elle lui avait décrit le jardin botanique de la ville, qu'elle aurait été si heureuse de lui faire visiter, mais ce serait pour une autre fois s'il y en avait jamais une. Pendant les trois heures d'escale, elle était restée à observer les mouvements du port.

Quand le paquebot avait quitté le port d'Olbia, elle avait insisté pour que Michel aille parler à un passager :

— Va voir qui c'est ! Il vient de monter. Je n'ose pas le regarder. C'est peut-être quelqu'un que je connais. Tu n'as qu'à lui demander du feu. Observe-le bien, je t'attendrai dans ta cabine.

Michel avait échangé quelques phrases avec le propriétaire d'un petit magasin de sport à Grenoble. Ursule avait été soulagée. « C'est un Français ? Tu es sûr ? C'est fou ce qu'il ressemble à un copain de Danilo. » Qui était ce Danilo ? Elle avait changé de sujet. Quand Michel lui en avait reparlé, elle avait répondu d'un ton excédé : « Danilo est une sale petite crapule. Tu es content maintenant ? »

— Alors, comme ça, tu connais des crapules, avait-il dit en souriant.

Elle s'était mise en colère. Il avait aggravé son cas en la comparant à un volcan en éruption.

Il la trouvait adorable, même fâchée.

Quand on est quitté par une femme, tôt ou tard on en rencontre forcément une autre, avait-il pensé. Pour lui, c'était trop tôt. Il essayait de considérer cette rencontre avec Ursule comme un cadeau du ciel, comme un baume que la vie elle-même dans sa surprenante vigueur lui proposait en tenant compte des intérêts des parties concernées : Sophie que Michel voulait faire survivre en lui, Michel qui voulait survivre tout court, et la vie elle-même qui tenait à continuer de s'affirmer comme l'ensemble des fonctions qui résistent à la mort.

Son bateau, Ursule l'avait baptisé *Bossa Nova.* Il était tombé en panne et elle avait dû le laisser dans un chantier de réparations à El Balis, près de Barcelone. Il ne serait pas remis en état avant une dizaine de jours. Comme elle s'était engagée à conduire un autre bateau d'Italie en Grèce, elle était obligée de rentrer à Gênes. Elle prendrait ensuite un avion d'Athènes à Barcelone pour aller récupérer la

Bossa Nova. Une vraie Odyssée, avait dit Michel. Cette panne était un coup dur pour elle. Elle avait dû rembourser ses passagers.

Ursule était une compagne charmante et gaie. Michel se serait vite ennuyé sans elle. D'heure en heure elle le tenait au courant des découvertes qu'elle faisait dans son *Histoire de la Mythologie*, lui parlant des Myrmidons, de Néphélé ou d'Egérie, la jeune conseillère d'un roi qui avait été changée en source.

Elle jouait souvent avec une bande d'enfants qui la poursuivaient en criant « Oursoule ! Oursoule ! » et elle riait aux éclats. Pourtant, elle était un peu bizarre. Il la soupçonnait de lui cacher sa véritable identité. Ils étaient ensemble dans sa cabine quand on était venu rendre son passeport à Michel. Ursule avait demandé à l'officier s'il avait aussi le passeport de Marie Litski, ou Lititski, ou un nom approchant que Michel n'avait pas retenu. Elle avait prétendu qu'elle s'inquiétait du passeport qu'une des occupantes de sa cabine croyait avoir perdu. Le prénom qu'elle avait donné, le sien sans doute, était-il Marie, ou Lucie ? Quand même pas Sophie ? Sur le moment, Michel n'avait pas fait attention.

Après tout, libre à elle de mentir. Michel s'était souvenu d'un article où l'auteur se demandait s'il n'est pas possible pour certaines propositions d'être à la fois vraies et fausses. Il aurait dû lire cet article plus attentivement.

Ursule, Marie ou Lucie, il se sentait mieux quand il était près d'elle, et lui-même ne s'appelait plus Michel mais Zed :

— Ecoute, Zed, au lieu d'aller à Naples que tu connais déjà, pourquoi ne descendrais-tu pas à Gênes avec moi ? J'aimerais bien que tu connaisses la ville où j'habite. Tu verras, quand on arrive, on voit un mur de ciment, rien que des immeubles affreux empilés comme des boîtes de conserve dans un supermarché. Mais je te montrerai des cafés, des petites rues, des jardins.

Il n'avait aucune raison précise d'aller à Naples et sans doute valait-il mieux pour lui être avec Ursule à Gênes que seul à Naples. En la rencontrant, il s'était dit qu'elle créait autour d'elle un champ magnétique, mais c'était dans un champ de probabilité qu'elle l'entraînait maintenant !

— Je dois convoyer un bateau en Grèce. Son propriétaire part en avion. C'est une merveilleuse vedette qui a une longueur hors tout de douze mètres, avec deux moteurs diesel. Il y aura une cabine pour toi. Est-ce que tu m'accompagnes ?

— Ma fille m'attend à Rome le quinze août. Je lui ai promis d'aller la voir.

— J'espère pour ta fille qu'elle a autre chose à faire qu'à t'attendre. Téléphone-lui ! Elle ne voudra pas t'empêcher de faire ce voyage. On passera par le détroit de Messine, on trouvera un port après le cap Spartivento où on attendra l'aube pour repartir. On traversera la mer Ionienne. Si tout va bien, on mettra quatre jours pour arriver à Patras. Allez, dis oui !

— Je ne peux pas partir si loin.

— Accompagne-moi au moins jusqu'à Naples. Décide-toi vite. On sera à Gênes dans une heure.

10

— Tu as vu le phare de la Lanterna ? Il date du XVIe siècle. Dépêche-toi de faire ta valise. Tu veux que je t'aide ?

Ursule rangeait ses affaires dans ses sacs en plastique, pendant qu'à genoux sur la couchette, devant le hublot, il regardait approcher les collines et la ville de Gênes qui s'élevait en amphithéâtre, les immeubles paraissant s'agripper les uns aux autres comme s'ils craignaient de tomber dans l'eau.

Ursule lui avait écrit sur un papier l'adresse d'un hôtel où elle avait promis de venir le retrouver le plus vite possible, le temps pour elle de régler une ou deux affaires, « mes petites affaires », avait-elle dit. Elle était certaine que ce vieux palace lui plairait. Elle y avait déjà logé. « Demande une chambre qui donne sur le port. »

Michel n'avait pas compris pourquoi elle tenait à quitter le bateau seule. En sortant de la cabine, elle avait dit qu'elle lui téléphonerait vers huit heures du soir.

Il y avait un trafic intense de cargos dans le port. Michel avait facilement trouvé un taxi qui avait fait un grand détour avant de le déposer devant l'hôtel situé juste au-dessus du bassin circulaire où il avait reconnu son paquebot qui repartirait tout à l'heure sans lui vers Naples...

Ursule avait eu raison, l'hôtel lui plaisait beaucoup, même si le prix de la chambre était nettement au-dessus de ses moyens.

Il avait téléphoné à ses parents. Ils étaient sans doute dans le jardin. Il laissa sonner et entendit la voix de sa mère au moment où il allait raccrocher. Une seule chose l'intéressait : quand Michel viendrait-il les voir ? Il répondit que le mois d'août ne commençait que demain. « Papa fait la sieste, il ne va pas fort en ce moment. » Il promit de téléphoner le plus souvent possible et expliqua qu'il avait installé un répondeur chez lui. On pouvait lui laisser des messages qu'il écouterait de n'importe où. « Je n'aime pas les répondeurs, avait dit sa mère. J'ai l'impression de passer un examen ».

Il était allé se promener. Il était passé devant la gare qui n'était pas loin, et il avait jeté un coup d'œil sur les horaires pour Rome. Il y avait une dizaine de trains par jour, venant de Turin et passant par Rapallo et La Spezia. Le voyage ne durait que quatre ou cinq heures. Heureuse Italie où les trains n'ont pas de wagons, mais des carrosses, des carrosses-lits, des carrosses-couchettes ! Il téléphonerait à Jaroslava pour lui dire qu'il s'était rapproché d'elle.

A la gare, il avait trouvé des journaux français et passé l'après-midi à les lire à la terrasse d'un café en buvant du Campari.

En rentrant à l'hôtel, il avait vu une statue de Christophe Colomb et l'idée lui était venue que nous sommes tous des Christophe Colomb, chacun s'imaginant qu'il vient d'arriver aux Indes alors qu'il aborde au Costa Rica.

Dans une librairie, il avait feuilleté des livres d'occasion, et il avait acheté un vieux guide de la Riviera qui lui avait prouvé qu'il débarquait à Gênes avec un bon siècle de retard. En 1880, il aurait aimé se rendre au palais Durazzo pour demander l'autorisation de visiter la villa Pallavicini, située à dix kilomètres du centre par le chemin de fer.

Il y serait allé avec Ursule. Ils auraient pris deux billets de train à quatre-vingts centimes. Ils auraient visité la grotte artificielle...

Non ! Pas avec Ursule ! Il y serait allé avec Sophie ! Sophie aurait acheté une ombrelle et ils seraient donc arrivés par le chemin de fer à la villa Pallavicini, ils auraient visité la grotte artificielle bâtie de fragments de stalactites recueillis à grands frais, ils auraient découvert le lac : une barque à cou de cygne les aurait attendus pour une navigation romantique. Ils auraient contourné un obélisque égyptien sortant du lac comme d'une inondation du Nil. Un kiosque turc dressé dans le voisinage leur aurait inspiré des poses languides. Enfin, le golfe de Gênes leur serait apparu sous l'arcade d'un pont gothique. Après avoir amarré leur barque à la rive, ils auraient trouvé, disposés d'avance à leur intention, des coussins en porcelaine. Sous une voûte de feuillage, une pluie d'eau leur serait tombée sur la tête. Ils auraient entendu le rire d'un gamin. Ils auraient voulu fuir, et des jets d'eau leur seraient arrivés en pleine figure, mais le XXe siècle avait eu raison de la villa Pallavicini, de ses eaux jaillissantes et de ses édifices de fantaisie en marbre blanc.

Les villes, comme tout le reste, sont contradictoires, et les contradictions nous aident à nous dépasser, pensa Michel. La contradiction est-elle dans notre pensée ou dans les choses ? Michel traversait une petite crise d'idéalisme transcendantal. Le souvenir de Sophie valait bien ça, mais pourquoi se souvenir de Sophie et tenter de prolonger leur vie commune en voyageant avec elle dans une machine à remonter le temps, au lieu d'envisager simplement le futur ?

Dans sa chambre, il commença une lettre pour Zoé, sans savoir où l'adresser. Les parents de Sophie devaient sûrement savoir où elle était. Et puis non ! Il écrirait à Zoé *chez elle*, c'est-à-dire chez lui. Elle verrait tôt ou tard qu'il avait pensé à elle pendant les vacances.

Ma Zoé, j'ai vu des singes qu'on vendait dans la rue à minuit. Il y avait aussi un oiseau qui savait dire « Hello Donald Duck » ! J'ai acheté des jumelles que je te prêterai. Je suis dans une ville où on sert d'énormes glaces dans les cafés, on dirait que c'est toi qui les as coloriées. Tout ça serait tellement plus amusant avec toi. Est-ce que tu as toujours envie d'une mandoline pour tes huit ans ? J'en ai vu aujourd'hui de très belles dans une vitrine...

Cette lettre n'était pas simple à finir. Il ignorait ce que Sophie avait bien pu raconter à leur fille.

Le téléphone sonna dans la chambre. C'était Ursule qui appelait plus tôt que prévu.

Elle commença par dire qu'elle ne pouvait pas le voir ce soir, que les choses se compliquaient pour elle et qu'il valait mieux qu'ils attendent le lendemain. Il était à Gênes pour elle ! Il n'avait aucune envie de se morfondre dans un hôtel ou de traîner tout seul dans les rues ! Elle lui donna raison et finit par accepter qu'ils se voient dans une heure. Elle lui dicta l'adresse d'un restaurant. C'était dans le centre, près de la poste, le taxi connaîtrait.

Des néons clignotants indiquaient l'entrée du restaurant situé au fond d'un passage.

Michel suivit un maître d'hôtel qui traversa une longue salle, où brillait un juke-box, pour le conduire vers la signorina éclairée par des guirlandes d'ampoules multicolores et assise à l'une des tables d'un petit jardin où des fruits en plastique enjolivaient les arbustes en pots.

Ce fut sur les premières mesures de *Blue Moon* susurrées par Elvis Presley que Michel s'avança vers Ursule en train d'allumer une cigarette.

La chanson d'Elvis lui rappela en une seconde une soirée passée vingt-cinq ans plus tôt dans la chambre de jeune fille de Monique Beaujard, sa première petite amie. Ô tendre sainte Christine ! Douce sainte Marguerite !

— Zed !

Ursule lui faisait signe en souriant. Il aurait pu ne pas la reconnaître. Elle portait des bijoux et s'était maquillée. Elle avait mis une robe fuchsia qui, lui dit-il en s'asseyant, la transformait en une bouée lumineuse, mais signalait-elle un abri ou un danger ?

Sur le bateau, quand elle lui avait dit qu'à Barcelone elle s'était nourrie de mûres et d'olives, cette phrase lui avait presque donné envie de tomber amoureux d'elle. C'était absurde. Il la trouvait sympathique, c'est tout.

Il osa enfin lui demander son âge. Elle avait vingt-six ans. Pourquoi avait-il répondu qu'il en avait trente-neuf ? Connaître quelqu'un à qui on ne mentirait jamais doit être une des choses les plus reposantes du monde !

Ils avaient déjà fini la bouteille de vermentino quand on leur apporta les entrées, et ils en commandèrent une deuxième. Michel avait craint que la musique ne soit gênante, mais on l'entendait à peine.

Ursule donna une crevette grillée à l'un des chats du restaurant. Elle avait eu un chat quand elle était enfant. A la mort de ce chat, elle avait cinq ans et demi, et elle s'était mise à marcher à quatre pattes et à miauler.

— Mon père me giflait en me disant d'arrêter.

— Il fait quoi ton père ?

— Il est mort. Je n'ai pas voulu aller à l'enterrement.

— Tu avais quel âge ?

— J'avais onze ans. Après, on devait tout le temps dire des prières pour lui. Ma mère est pharmacienne. Elle aurait mieux fait de me donner des calmants. Tu es catholique, toi ?

— Non. Je ne suis même pas...

Le maître d'hôtel vint apporter à Ursule une feuille de papier qu'elle déplia et lut en pâlissant. Michel la vit jeter des regards affolés derrière lui. Elle se pencha : « Il faut qu'on s'en aille tout de suite ! Je t'expliquerai après. Dépêche-toi ! Suis-moi ! » Elle sortit de son sac deux billets qu'elle laissa sur la table. Elle prit Michel par la main et l'entraîna dans la salle. Quelqu'un cria « Marie ! » Michel sentit la pression de la main d'Ursule. Il se retourna. Un homme les rattrapa. Ursule s'arrêta net. Elle n'avait pas lâché la main de Michel. L'homme se mit à lui parler très vite en italien. Il sembla à Michel que les yeux d'Ursule étaient devenus jaunes. Elle lui lâcha la main et gifla l'Italien qui ne broncha pas. Elle dit à Michel : « Ma voiture est tout près ! » Ils se retrouvèrent dehors. Ursule ouvrit nerveusement une portière et le poussa dans la voiture.

Elle démarra en klaxonnant. Ils traversèrent en trombe une grande place plantée d'arbres. La voiture tourna à angle droit.

Ils s'engagèrent sur une autoroute.

« On est sur la Sopraelevata, dit Ursule. On

va rouler jusqu'à l'aéroport, et après je te ramène à l'hôtel. »

Elle conduisait en regardant davantage le rétroviseur que la route devant elle.

— Ursule, explique-moi !

— Ce sale con essaie de me faire peur. Il voudrait que je mette mon bateau au service de ses trafics minables. Il y a des mois que ça dure, et ça me fout la trouille. S'il continue, je connais quelqu'un capable de lui clouer le bec.

— Pourquoi tu ne le fais pas ?

— Ce n'est pas si simple non plus. Et puis je n'aime pas devoir quelque chose à quelqu'un.

Michel se tut. Tout ça le dépassait. A une heure du matin, il y avait encore un train pour Rome. Il était un homme adulte, un chercheur respecté, il avait une famille, des enfants à charge !

Ils continuèrent de rouler en silence. Ursule se gara devant l'hôtel. Michel lui proposa de venir boire un verre au bar. Elle coupa le contact et, s'apprêtant à sortir de la voiture, elle aperçut une Lancia rouge qui se garait de l'autre côté de la rue.

— Tu vois le conducteur de la Lancia ?

Michel reconnut l'homme qu'Ursule avait giflé dans le restaurant. Avaient-ils été suivis ? L'homme savait-il que Michel habitait ici ?

— Je vais démarrer à toute vitesse. Essaie de traverser devant lui pour me faire gagner quelques secondes. Je te donnerai de mes nouvelles dès que je l'aurai semé.

Les deux voitures démarrèrent en même temps. Michel resta un long moment sans bouger. Quand il demanda sa clé, il ne savait plus le numéro de sa chambre.

11

Michel n'en menait pas large dans sa chambre d'hôtel où il s'était fait monter des cigarettes et un film vidéo qu'il n'avait pas regardé jusqu'au bout. Il s'était remis à fumer, lui qui avait arrêté deux ans plus tôt, à l'époque où Zoé rapportait des autocollants anti-tabac qu'on retrouvait partout dans la maison.

Il fumait trop. L'air de la chambre devint irrespirable, mais s'il avait laissé la fenêtre ouverte il aurait fallu qu'il la surveille constamment. Quelqu'un aurait très bien pu essayer d'entrer par le balcon. Il avait arrêté le climatiseur qui l'empêchait d'entendre les bruits de pas dans le couloir.

Il n'avait pas l'intention de poireauter dans cette chambre toute la nuit à attendre le bon vouloir d'Ursule. Ce n'étaient plus des vacances, mais un supplice chinois.

Il se laissa tomber sur le lit. Il se trouvait entraîné dans une drôle d'histoire et disposait de trop peu d'indices pour la comprendre. Il en avait par-dessus la tête.

Il aimait bien Ursule. Il était prêt à lui donner toute l'attention que sa vie récente l'avait empêché de donner à d'autres, même s'il trouvait qu'il aurait pu s'arranger pour rencontrer une femme qui soit moins... qui soit plus... qui soit plus *quoi ?* Mais non ! Ursule était parfaite — « Ursule est providentielle », nuança-t-il.

Il la rencontrait à un moment de sa vie où il se sentait désarmé. Ursule était une femme capable de prendre des initiatives, et c'était ce qui lui convenait, à lui.

Il décida de lui faire confiance quoi qu'il arrive. Cette décision était-elle une manifestation d'usure psychique ? Allons, allons ! Pas de grands mots ! Il y a des moments où il faut accepter de se laisser porter par les autres, se dit-il.

Mais pourquoi ce type les avait-il rejoints devant l'hôtel ? Comment avait-il su ? Ursule avait-elle l'habitude de mettre dans cet hôtel des hommes qui lui servaient de... mais de quoi ? Qu'est-ce qu'il représentait pour elle ? Qu'est-ce qu'une fille comme elle pouvait bien attendre d'un biologiste de quarante ans plutôt perturbé ? Ils n'avaient même pas couché ensemble.

Pourquoi ne téléphonait-elle pas ? Le type de la Lancia rouge l'avait rattrapée, coincée, battue. Violée peut-être ! Prévenir qui ? Dire quoi ? Pourvu qu'il ne soit rien arrivé à Ursule !

Il aurait volontiers quitté sa chambre, où il suffoquait, pour traîner dans les grands salons du rez-de-chaussée, où il avait repéré de somptueux tapis et des fauteuils rococo sous lesquels, enfant, il se serait caché avec joie, mais ses parents ne l'avaient jamais emmené en Italie. Il regarda sa montre. Il était trop tard pour appeler ses parents. Il téléphona chez lui. L'interrogation à distance fonctionna très bien. Il trouva qu'il avait une voix mourante sur son répondeur. Il n'y avait pas de messages.

Il raccrocha et entendit quelqu'un tousser. Il en était sûr ! Une toux qu'on cherche à contenir ! Ce picotement dans la gorge qui a forcé tant d'assassins à surgir l'arme au poing de derrière le rideau. Il prit sa bouteille d'eau minérale — une bouteille en verre, Dieu soit loué ! — et donna un grand coup de pied dans la porte de la salle de bains, s'apprêtant à casser la bouteille sur le crâne du... Il avait mal fermé le robinet d'eau chaude du lavabo.

Il n'eut pas la force de sourire de sa méprise. Il fallait absolument qu'il dorme. Il subissait le contrecoup d'un mois de désarroi. L'être humain est sur terre pour y mourir, se dit-il, mais ce n'était pas une raison pour mêler robinetterie et personnification du désespoir.

Il avait faim. Il commanda une assiette de jambon cru au Room Service et il refusa d'ouvrir quand on la lui apporta, disant qu'il prendrait lui-même le plateau dans le couloir. Il fallait signer la note qu'il fit passer sous la porte.

Déjà deux heures du matin ! Ursule ! Il imagina un camion-citerne, une collision, des flammes, le golfe de Gênes embrasé. Il ne voulait pas qu'on fasse de mal à Ursule ! Dire qu'il s'était contenté de la trouver distrayante ! Charmante ! Il était passé à côté d'elle ! Une fois de plus ! Il n'avait jamais su rencontrer quelqu'un — quelqu'un de réel ! Il ne s'intéressait qu'au rôle que les gens pouvaient jouer dans sa vie à lui. Et dire que tout à l'heure il ne pouvait plus la supporter ! Elle était peut-être en train de perdre tout son sang dans un parking souterrain. Pardon, Ursule, pardon ! Et toi, Sophie, pardonne-moi aussi ! J'ai été si égoïste ! Pourquoi t'ai-je fait souffrir ? Sophie, si on pouvait tout recommencer... Tu m'as dit : « Je ne peux me sentir intelligente qu'avec les gens que j'aime... » Aime-moi encore, Sophie !

Une douche lui aurait fait du bien, mais il craignait d'être attaqué à ce moment-là. S'ils avaient tué Ursule, ils penseraient évidemment à venir le liquider à son tour. Un témoin trop gênant pour eux ! En Italie, ils vous tuent même quand la police vous protège !

De la fenêtre, il apercevait la gare maritime.

Les navires qui transportaient des hydrocarbures étaient comme des jouets démontables. Il ferait bientôt jour. Sur les môles, des gens s'agiteraient en toute liberté. Le port n'était qu'à un quart d'heure à pied de l'hôtel. Un quart d'heure à pied... Mais il suffit d'une seconde pour qu'une balle vous fasse éclater la cervelle.

Il s'efforça de se calmer en regardant une goélette à trois mâts toute illuminée. Comment lui, Michel Zednik, passionné par la construction mathématique du hasard, n'avait-il pas prévu qu'en débarquant à Gênes avec Ursule, sa vie basculerait du jour au lendemain dans le contraire de l'idylle ?

Si jamais il revoyait Ursule, il la prendrait dans ses bras : « J'ai eu peur. Ne me raconte rien maintenant ! Il faut que tu te reposes. Comme c'est bien que tu sois là ! Tu es mignonne comme tout ! Je vais te faire couler un bain. »

Il éteignit toutes les lumières et se risqua à ouvrir les battants de la porte-fenêtre pour s'assurer qu'il n'y avait personne sur le balcon. Déjà en temps ordinaire il n'aimait pas beaucoup ces chambres d'hôtel dont le balcon est séparé de celui des chambres voisines par une grille jamais assez haute et trop souvent démunie de pointes. Il n'appréciait pas davantage les portes de communication avec leurs verrous qui conviendraient mieux à des maisons de poupée.

Il referma la porte-fenêtre et décida de se mettre au lit. Il avait peur de s'endormir dans le noir. Il était sûr qu'avoir peur du noir est une réaction innée, lentement acquise entre l'ère tertiaire et l'ère quaternaire, quand, la nuit, des monstres dévoraient les anthropoïdes et autres hominiens qui leur tombaient sous la dent, lesquels avaient mis un temps fou à trouver la parade : la découverte du feu.

La peur tout court avait dû apparaître sur terre en même temps que la vie, et même avant, pendant l'évolution précellulaire, quand des molécules avaient essayé de s'autorépliquer sans succès. La vie ne se conçoit pas sans la peur, pensa Michel.

Il n'aurait jamais dû refuser le tube de somnifères qu'Ursule lui avait proposé sur le bateau. Il avait épuisé depuis longtemps son stock personnel de tranquillisants. Il faudrait qu'il compte sur ses propres forces !

Un très léger bruit, un crissement à peine perceptible, mais qui retentit dans sa tête comme un accord de guitare électrique, l'épouvanta. On essayait d'entrer dans sa chambre !

Il ralluma une lampe et vit distinctement la poignée de la porte bouger. Le magnétisme terrestre agit sur l'aiguille d'une boussole mais pas sur une poignée de porte ! Il s'approcha de l'entrée, retint son souffle et colla son oreille à la porte. « Après un robinet qui tousse, maintenant une porte qui respire », se dit-il, hésitant entre le fou rire et la peur bleue. Il se baissa. Son front heurta la poignée et il recula. Il n'avait pas la moindre envie de découvrir par le trou de la serrure un autre œil en face du sien, et il décida, par mesure de précaution, de pousser l'armoire devant la porte. Il était certain d'avoir entendu quelqu'un respirer derrière cette maudite porte. A part Ursule, sûrement déjà assassinée, personne au monde ne savait qu'il était dans cet hôtel. Il allait être abattu, froidement. Il se prit les pieds dans le fil du téléphone et se rattrapa comme il put à la table de nuit en faisant un boucan monstre. Il fallait donner l'alerte. Il ramassa le combiné. Pas de sonnerie ! Le téléphone ne fonctionnait plus ! Et c'était lui qui venait de le casser ! Il avait contribué à sa propre perte ! Il se laissa tomber sur le lit.

Quand il se réveilla, le soleil envahissait la chambre. Il avait dû dormir trois ou quatre heures, tout habillé. Il se sentait sale. Il avait soif. Il but au robinet de la salle de bains. Où était Ursule ? Qu'est-ce qu'elle fabriquait ? Elle n'avait pas téléphoné. Il ouvrit la fenêtre. L'air lui fit du bien. Il remit l'armoire en place. Il était temps. Deux femmes de chambre ouvraient la porte avec leur passe. Il prit une voix désagréable pour leur demander de revenir plus tard, et il les entendit s'éloigner dans le couloir en disant « Okay, okay », comme des infirmières qui renoncent à faire prendre son potage à un vieux grincheux.

Elles parlaient un dialecte quelconque, peut-être le piémontais, ou un patois ligure. Il les écouta rire entre elles. Leurs rires le rassurèrent vaguement.

Il regarda les rayons lumineux pleins de poussières qui traversaient la chambre. Les poussières s'agitaient comme des homuncules dans une fiole, et il pensa à l'énergie des radiations solaires et à la multiplicité des formes vivantes.

Il aurait dû rattraper les femmes de chambre

et leur signaler que son téléphone ne marchait plus, mais il se rendormit.

Il rêva qu'Ursule l'appelait :

— Zed ! Zed ! C'est moi ! Zed, ouvre-moi.

Il mit du temps à comprendre qu'Ursule tambourinait à la porte de sa chambre et lui demandait d'ouvrir. Il n'avait pas le temps de se passer de l'eau sur la figure. Tant pis.

— Zed, où étais-tu passé ? J'ai appelé plusieurs fois cette nuit ! « Il n'est pas rentré », « il n'est toujours pas rentré », « il ne répond pas ! » Tu as un tas de messages de moi en bas ! Qu'est-ce que tu fichais ?

— J'ai... Ursule ! J'ai cru que tu étais... Le téléphone est en panne. Tu vas bien ? Je suis si content de te voir, Ursule !

— Tu as mauvaise mine...

— Ursule, j'ai eu très peur pour toi. J'ai cru que le type d'hier soir t'avait rattrapée... Battue... Je ne sais pas quelles horreurs j'ai bien pu... J'ai même pensé que tu étais morte !

— C'est gentil de t'inquiéter pour moi. Tu ne serais pas scénariste de films policiers plutôt que biologiste ? J'ai réussi à semer Danilo facilement et je suis allée dormir chez un de mes amis, c'était plus sûr. Il est midi. Je vais t'attendre dans le hall, et puis on fait encore quelques courses et on part. Le bateau est à Portofino. C'est à quarante kilomètres. Mon ami va nous conduire en voiture.

12

Le copain d'Ursule conduisait à toute vitesse. Il venait de finir de roder sa Hyundai, une marque dont Michel n'avait jamais entendu parler. Au dire de son propriétaire, la Hyundai Pony était *un' auto affidabile, intelligente !* Michel se souvint qu'il avait dans sa valise tout un dossier sur l'intelligence artificielle — ses notes pour des cours qu'il donnerait à la rentrée. Il se demanda une fois de plus comment trouver la simplicité dans un monde naturel complexe. Il était là, en compagnie de deux jeunes gens, filant sur un tronçon d'autoroute, et il regardait les panneaux publicitaires, les cheveux et la nuque d'Ursule, réfléchissant à l'activité rétinale qui n'est qu'une modulation de l'activité continue du système nerveux.

Il refusait de comparer le cerveau à un ordinateur. L'être humain fait autre chose que traiter de l'information. Nous ne sommes pas des systèmes d'entrées et de sorties. Nous créons du sens. Lequel ? Pourquoi ? Il n'arrivait plus à se concentrer. Biologie théorique, sciences cognitives, sa valise dans le coffre, son dossier, son programme de recherches sur les artefacts intelligents, la mémoire dont on découvrira un jour qu'elle n'est pas du tout ce qu'on croit... une fameuse révolution copernicienne en perspective...

Jusqu'à présent, il avait toujours vu Ursule en tête à tête, et, plus ou moins assoupi à l'arrière de la voiture, il crut qu'elle l'oubliait pendant qu'elle discutait avec son copain Enzo qui parlait aussi vite qu'il conduisait. La voix d'Ursule lui parut encore plus attirante en italien, qu'elle semblait connaître à la perfection. Enzo avait demandé à Michel s'il comprenait l'italien et il avait répondu qu'il parlait *un poco* mais qu'il comprenait *quasi tutto.*

Enzo avait acheté sa voiture à La Spezia, chez Oriental Car. Ursule connaissait les gens d'Oriental Car. Ils avaient toujours été très gentils avec elle lorsqu'elle avait eu besoin de trouver des voitures pour certains de ses clients étrangers. Michel avait failli intervenir dans leur conversation pour lui demander si elle connaissait tous les garages de la côte, ce qui ne l'aurait pas surpris outre mesure. Il s'attendait dorénavant à tout de la part d'Ursule. Elle aurait aussi bien pu être une grosse actionnaire de Fiat ou une amie personnelle de Jean-Paul II. J'espère que je ne vais pas apprendre qu'elle est mêlée à un trafic de voitures volées, pensa-t-il.

Il y avait une circulation folle. Il faisait très chaud. Ils avaient quitté l'autoroute et Enzo doublait sans visibilité. La voiture était peut-être intelligente, mais le conducteur ? Ursule riait. Elle avait mis une cassette de musique latino-américaine et ils entrèrent dans Portofino au son des bongos et des maracas.

Ils transportèrent sur le bateau les provisions achetées le matin par Ursule. Michel ne s'était pas attendu à ce que la vedette, qui s'appelait la *Callisto,* soit si luxueuse. Il y avait deux cabines et un salon de pont avec une porte vitrée qui s'ouvrait sur le cockpit.

A bord, ils furent accueillis par le fils du propriétaire, qui mit son point d'honneur à parler un français qu'il avait dû apprendre dans une école suisse. Michel crut que le garçon allait faire le voyage avec eux, mais il disparut après avoir remis une enveloppe à Ursule et avait expliqué qu'il avait fait le plein de carburant et d'eau potable, vérifié les moteurs et les feux, et rapporté l'annexe. Michel apprit qu'une annexe est un petit canot.

Enzo ne voulut pas rester déjeuner avec eux.

— Il est tellement gentil, dit Ursule en le regardant partir, il est amoureux de moi et il est toujours là pour me dépanner.

Ursule et Michel déjeunèrent à la terrasse d'un restaurant du port où on accepta de les servir malgré l'heure tardive. Michel n'avait pas assez dormi et commanda trois cafés au serveur venu ouvrir le parasol. Ursule l'entraîna dans des boutiques pour lui faire acheter un chapeau. Elle lui choisit une casquette qui, dit-elle, lui donnait l'air d'un Anglais. Elle aimait les Anglais. Michel imagina Sophie en train de choisir dans une boutique de Mayfair une casquette pour Graham Palmer. Mais qu'est-ce qu'elles avaient toutes avec les Anglais !

Ils allèrent à l'hôtel Splendido le bien nommé, où Michel entra pour téléphoner à sa fille. Ursule préféra l'attendre dans le parc. Il prit encore un café au bar avant de demander son numéro. Jaroslava décrocha tout de suite et ne trouva pas étonnant que son père soit à Portofino. Quand il lui dit qu'il attendait avec impatience le quinze août pour la revoir, elle lui apprit qu'elle quitterait Rome immédiatement après la fin du tournage. Des amis de Tonino les invitaient dans une villa au bord du lac de Garde.

Michel fut catastrophé. Il comptait sur cette rencontre avec sa fille. Il eut envie de crier dans le téléphone : « Jaroslava, je suis fatigué, plaqué, trompé, trahi. Je suis un homme fini. Tu ne pourrais pas rester un jour de plus à Rome, juste le temps qu'on dîne tous les deux ? Te voir me ferait tellement de bien. » Il réussit à lui répondre affectueusement : « Eh bien, amuse-toi bien, ma fille ! On se verra à Paris à la rentrée. » Il avait d'autres choses à lui dire mais Jaroslava avait dû raccrocher parce que Tonino avait besoin du téléphone.

Il oublia sa casquette neuve dans la cabine téléphonique de l'hôtel. Ce fut Ursule qui s'en rendit compte. Il courut la chercher.

En arrivant essoufflé dans le hall de l'hôtel, la pensée lui vint qu'il pourrait passer le restant de sa vie à Portofino. Il achèterait vingt mètres carrés sur la crête rocheuse et construirait une maisonnette en planches avec l'aide des artisans du coin. Il dînerait chaque soir sur le port et deviendrait l'ami des pêcheurs.

Sa casquette était restée près du téléphone. Il s'affala dans un fauteuil en cuir et demanda un whisky. Il n'avait plus envie de bouger. Sa valise était sur le bateau. Il allait envoyer un groom la récupérer. Il demanderait une grande chambre et dormirait dans des draps frais pendant vingt-quatre heures d'affilée.

— Qu'est-ce que tu fais ? Je t'attends depuis une heure.

Ursule était venue à sa recherche. Ils regagnèrent la *Callisto*.

Ursule était pressée de quitter le port. Il était tard et elle voulait faire escale à l'île d'Elbe. Michel lui dit qu'il l'accompagnerait finalement jusqu'en Grèce. Sa fille n'avait pas le temps de le voir.

— Tu verras, lui dit Ursule, nous serons très bien. J'aime que tu sois là.

Ils pénétrèrent, à la nuit tombante, dans le goulet d'entrée de la baie de Portoferraio. Ils eurent la chance de pouvoir trouver une place à quai et Michel proposa à Ursule de l'inviter au restaurant, mais elle avait fait des courses et ils préparèrent leur premier dîner à bord. Ursule lui demanda d'éplucher des courgettes qu'elle cuirait à la vapeur.

Le lendemain, quand il se réveilla, ils étaient en pleine mer. Du poste de pilotage, Ursule lui cria qu'il y avait du café chaud dans le thermos. A côté du thermos, il trouva une feuille de papier sur laquelle elle avait écrit :

Mon très cher ami
A-t-il bien dormi ?

Il sortit sur le pont pour l'embrasser. Elle portait un maillot noir à balconnet. Elle renversa la tête et il l'embrassa dans les cheveux. « Tout à l'heure, lui dit-elle, on s'arrêtera, je voudrais nager. »

13

Michel attendait de cette croisière qu'elle le remette d'aplomb. Le docteur Méditerranée n'avait-il pas de meilleurs pouvoirs, en ce moment, que les spécialistes parisiens ?

Ursule se moqua de lui quand il déclara qu'elle donnait envie de tomber malade rien que pour être guéri par elle. Elle lui avait montré la boîte de secours et les brassières de sauvetage, les signaux fumigènes flottants, les fusées à parachute. Elle avait passé son premier permis de conduire en mer quand elle avait dix-sept ans et demi, mais il n'y avait pas longtemps qu'elle avait le droit de commander un navire de plaisance à titre lucratif. Michel connaissait une femme qui savait conduire un bateau ! Sophie, quand il l'avait connue, faisait de l'équitation, mais elle avait arrêté. Marie-Hélène jouait du piano. « Et moi ? » pensa-t-il.

Il avait laissé entendre à Ursule qu'il n'aimait pas l'homme qu'il était devenu. Elle lui avait dit qu'il fallait qu'il arrête de se déprécier : « Ça ne sert à rien d'être trop sévère avec soi-même. »

Michel s'était juré de ne jamais raconter à Ursule la façon dont Sophie l'avait plaqué. Elle s'était contentée d'apprendre qu'il avait une fille de vingt ans et un vieux chien qui s'appelait Dersou Ouzala.

Combien de temps lui faudrait-il pour assimiler les émotions qu'Ursule faisait naître en lui ? Pourquoi en faire tout un plat ? Avait-il besoin de comprendre Ursule ? Si on comprenait trop bien les gens, se dit-il, si on savait tout sur eux, on se sentirait plus seul que jamais.

Ils ne savaient pas grand-chose l'un de l'autre. Le passé de Michel n'intéressait pas Ursule. Elle préférait poser des questions sur le patrimoine héréditaire et le génie génétique.

D'habitude, quand un homme et une femme se rencontrent, ils s'empressent de se raconter leur enfance, décrivent leur famille au physique et au moral, embellissent d'anciens voyages et se donnent le beau rôle dans des épisodes que leur mémoire transforme. Ces conversations lui apparaissaient comme une trouvaille faite par l'être humain pour se démarquer des animaux qui se flairent. Si elles se prolongent, elles conduisent à s'embrasser. C'est ce qu'on appelle l'identification mutuelle des protagonistes. Au lieu de parler d'amour à Ursule, Michel lui parlait d'enzymes et de bactériophages, ce qui semblait la passionner davantage.

La rencontre d'une femme commence bien avant qu'on aperçoive cette femme — et finit (si jamais ces affaires-là finissent) à un tout autre moment que celui qu'on croit, et rarement au moment où l'un commence à se lasser de l'autre, mais plus tard, ne t'en déplaise, ma chère Sophie !

Il avait nagé avec Ursule. Il n'avait pas de maillot et elle lui avait dit de plonger tout nu. Elle avait d'ailleurs enlevé le sien. Il ne s'était pas éloigné autant qu'elle du bateau. En sortant de l'eau, ils s'étaient douchés sur le pont, et quand Ursule s'était allongée à l'avant sur un matelas bain de soleil, il avait eu envie de la rejoindre pour se mettre contre elle. Ils étaient seuls sur ce bateau, elle était nue (il s'était noué une serviette autour de la taille) et il aurait voulu aller la caresser. Il avait trouvé des compact-discs dans un tiroir de sa cabine et avait mis des concertos pour mandolines de Vivaldi. Ursule lui avait dit : « On est bien, tu ne trouves pas ? Je n'ai pas envie de repartir ! » Pourquoi ne lui avait-elle pas plutôt dit : « Viens m'embrasser ! » Elle s'était relevée. Elle avait un corps adorable. Il s'était avancé vers elle mais elle avait remis son maillot et lui avait donné une petite tape dans le dos : « On repart ! Dans trois jours on doit être à Patras. »

Aimerait-il encore quelqu'un ? Sophie l'avait anesthésié.

Anesthésié ? Mais, Michel, elle t'a châtré ! Tu es encore bien bon ! Sophie est une cannibale, une sadique, une salope ! Oui, Sophie est une salope ! Comme c'est agréable de penser ça ! Quelle fraîcheur ! Un bain moussant d'injures ! Sophie est une paranoïaque ! Une salope paranoïaque ! Une courge !

Non, Michel, tu exagères, Sophie n'est pas une courge...

Une courge, j'ai dit ! Elle n'a jamais cessé de vouloir me nuire, cette grosse courge...

Michel ! Sophie n'est ni grosse ni courge. Tu ne peux pas dire ça ! Castratrice, peut-être, mais svelte.

Svelte ? D'accord ! Et Zoé va être élevée par cette vipère ? Cette femme va préparer les repas de ma fille ? Va lui dire de ranger sa chambre ?

Allons, du calme, Michel ! Tu as toujours dit toi-même que Sophie était une merveilleuse mère.

J'ai dit ça, moi ? Je devais être déjà très atteint ! Il faut être irresponsable pour entraîner une gosse dans cette folie ! Je voudrais bien savoir ce qu'elle aura dit à Zoé le jour de leur fuite... « Zoé, j'en ai marre de baiser avec ton père ! » Bravo ! De quoi donner de l'assurance à la gosse ! « Zoé, ton père éjacule en appelant des saintes à la rescousse ! » Que Sophie la laisse à ses poupées Barbie ! Parler de ça à un enfant...

Tu sais très bien que les dons intellectuels d'un obsédé comme toi proviennent en ligne droite de la curiosité sexuelle du petit garçon que tu as été. Tu as sublimé tout ça en pulsion de connaître, en érotisation de la pensée...

Marie-Hélène, quand elle s'était lancée dans une cure de psychanalyse, soi-disant par curiosité intellectuelle, avait prétendu savoir pourquoi Michel avait besoin d'invoquer des saintes pour avoir accès à la jouissance. Ces saintes étaient des objets incorporés ! C'était, selon elle, une histoire de frustration à mettre en rapport avec la mère symbolique, frustration réactivée par ce que Michel lui avait raconté en riant, mais ce rire était, toujours selon Marie-Hélène, une défense : quand il était petit, Agnès, une femme qui aidait sa mère, lui racontait des vies de saintes en le frictionnant bien fort et partout après l'avoir sorti du bain !

Marie-Hélène voulait à tout prix — le prix de sa psychanalyse ! — m'expliquer tout ce que je faisais ! Moi, je suis pour l'inexplicable ! Marie-Hélène affirmait que ma mère élevait des oiseaux pour remplacer les pénis de ses deux fils ! Un de ses cousins s'était pendu et elle disait que les hommes se pendent pour devenir une chose qui pend de toute sa longueur, un pénis... Il ne faut pas charrier !

Ma mère m'a souvent dit que je ne rencontrerais jamais une femme qui me rende heureux ! Voilà où j'en suis !

Michel ! Michel ! Tu n'es pas si mal ! Rappelle-toi ce que t'a dit Ursule pas plus tard que ce matin. Allons !

Oui, c'est vrai, elle m'a dit que j'étais quelqu'un d'épatant. Penserait-elle encore la même chose au bout de dix ans de mariage ?

Il était donc à bord de la *Callisto* en compagnie d'une jeune fille au corps adorable, d'une jeune fille qu'il parait de toutes les qualités, et qui, elle-même, lui en trouvait visiblement quelques-unes, et malgré tout il pensait encore à Sophie ! La vie lui tendait Ursule sur un plateau d'argent... Ah, les ravages de l'auto-punition, n'est-ce pas, Marie-Hélène ? Il n'allait tout de même pas rester célibataire toute sa vie. Se lever seul tous les matins et n'avoir à se plaindre que de soi ?

Sophie ! C'était tellement formidable entre nous ! Même quand on était au lit, en tout cas c'est ce que je pensais... Et quand on était à Bruxelles pour le festival du film scientifique ? Tu te souviens du Bois de la Cambre ? Et comme on avait ri ! Tu as été la femme la plus choute, la plus adorable, la plus généreuse qu'on puisse imaginer ! Et tu sais ce que représente pour moi l'imagination ! Tu avais été surprise de tomber sur un savant qui était imaginatif ! Au début, tu ne voulais même pas croire que je m'occupais de science !

Soit ! Il passerait des vacances seul avec Zoé. Il l'emmènerait en Provence. Elle aimait les melons. Ils mangeraient du melon tous les jours. Ils marcheraient sur les crêtes des collines. Le mistral soufflerait, et, offerte au vent, les cheveux en arrière, sa petite jupe plaquée sur ses jambes, Zoé ressemblerait à une figure de proue.

Il lui ferait faire des dictées, comme jadis à Jaroslava, chacun poursuivant un autre but, lui charmé de dicter à sa fille un petit poème en prose, et elle comptant d'abord le nombre de lignes. Il se souvint que Jaroslava le regardait d'un air stupéfait et le traitait de maniaque quand il lui conseillait de mettre des points sur les j. Ne t'inquiète pas, Jaroslava, si Tonino te plaque, je te consolerai.

Il y avait un téléphone à bord, avec un fil étanche de vingt mètres. Michel n'avait pas voulu appeler chez lui. Il ne tenait pas à devoir écouter un message de Sophie en présence d'Ursule qui lui avait pourtant dit qu'il pouvait emporter le téléphone dans sa cabine. Il avait appelé son père : « Ah ! Michel ! J'ai pensé à toi toute la journée ! Ta mère est sortie. J'ai bu du quarts-de-chaume à ta santé ! Une petite bouteille que j'avais mise de côté pour nous deux ! Une petite gorgée pour Michel, une petite gorgée pour moi, une petite gorgée pour le Père Ubu ! »

Son père avait été ravi d'apprendre qu'il faisait une croisière en Méditerranée. « Tu as raison ! La mer ! Le soleil ! Profites-en bien ! On va raccrocher, ça va te coûter cher ! Ne te fais aucun souci pour ton vieux père. Sois heureux, mon fils, sois heureux !

— Et ta santé, Papa ? Tu as l'air d'aller mieux.

— Ah ! Mais je vais très bien ! Finalement, je ne vais pas me faire opérer. C'est la grande nouvelle ! Le Malade imaginaire te salue bien bas. Tu vois, Michel, la vie est belle, je t'embrasse très fort... très fort... » Sa voix s'était tout à coup cassée : « Voyons, voyons, pas d'émotion ! On raccroche ! Pense à moi ! »

Il y avait longtemps que Michel n'avait pas eu un coup de téléphone si détendu avec son père.

Il remonta tout joyeux sur le cockpit.

Ursule venait d'apprendre, dans son livre sur la mythologie, que *Callisto* veut dire « la plus belle ». C'était le nom d'une princesse grecque changée en ourse. Zeus, amoureux d'elle, l'avait ensuite transformée en étoile, en même temps que l'enfant qu'il avait eu d'elle, et Callisto et sa fille étaient devenues la Grande Ourse et la Petite Ourse.

Elle devient chiante avec sa mythologie, pensa Michel. Ils étaient arrivés à Capri, où Ursule avait décidé de faire escale.

« Seriez-vous snob, Signorina ? » lui avait-il dit. Non, Capri était pour elle un endroit sacré, un endroit où elle avait vécu des moments... de ces moments, lui dit Michel, que Nietzsche appelait ses lézards divins...

Dans une trop belle lumière orange, l'île lui était apparue comme un gâteau que le soleil nappait d'une marmelade de nuages écrasés.

Il avait erré seul dans les ruelles désertes du village. L'odeur de Capri lui avait donné envie d'arrêter de fumer. Il aurait voulu cueillir pour

Ursule un grand bouquet de lauriers-roses. Il en poussait un peu partout.

Quand il rentra, Ursule n'était plus là. Il regarda manœuvrer des navires de la Marine italienne. Il aperçut le sac d'Ursule posé sur un siège. Elle s'était enfermée dans sa cabine et il l'entendit sangloter.

Elle revint sur le pont en séchant ses larmes : « Tu es gentil, Michel, mais ça va passer, ne fais pas attention ! A bord à bord, à terre à terre ! Allez mon matelot, *andiamo !* Il faut que dans huit ou neuf heures on arrive au détroit de Messine. On marchera à vingt nœuds. ».

Michel aimait que les navires sortants aient priorité sur les navires entrants. C'était comme un hommage à l'esprit d'aventure.

— Mais tu ne sais pas, lui dit Ursule, que les navires naviguant contre le courant doivent s'écarter de la route de ceux qui vont dans le sens du courant ! Le symbolisme ne fonctionne pas à tous les coups !

Il lui avait dit que, chez les soufis, il ne faut jamais rester trop longtemps dans le même lieu de peur de se créer des attaches. Ursule lui avait demandé si ça le faisait penser à eux deux, et il avait dit oui mais il pensait à Sophie qui l'avait quitté sans le prévenir.

Qu'une femme comme Sophie se soit aussi mal conduite ! Aucun courage ! Elle s'était contentée de lui laisser une lettre merdique ! S'il en parlait à Ursule, elle n'en reviendrait pas. Dix ans ! Dix ans de vie commune, et puis cette petite lettre répugnante qu'il avait là, avec lui, dans sa valise ! Il la jetterait aux requins !

Ursule écoutait la météo. Le ciel serait « sereno bello » toute la journée. Elle appréhendait les courants et les tourbillons du détroit de Messine. « Regarde dans mon *Histoire de la Mythologie*, dit-elle à Michel, si on parle du détroit de Messine, et de Charybde et Scylla. Va le chercher ! Je voudrais que tu me le lises. »

Michel en avait assez des nymphes changées en rocher ou des princesses grecques séduites par Poséidon. Il prit le livre et le balança dans la mer.

— Zed, qu'est-ce que tu fais ? Tu as attrapé un coup de soleil sur le crâne, ou quoi ?

— Je ne sais pas ce qui m'a pris... J'ai l'impression d'être saoul...

Ursule lui demanda de venir s'asseoir à côté

d'elle. Ce qu'il éprouvait ne la surprenait pas. La solitude, qui pouvait rendre fou, donnait des forces et des joies insoupçonnables à ceux qui la maîtrisaient. Quand on a compris ce qu'est la solitude, on n'éprouve plus d'autre désir que celui d'une solitude encore plus grande, dit-elle.

Un pylône à bandes orange soutenait un câble électrique aérien qui reliait la Calabre à la Sicile, en traversant tout le détroit. « Voilà Charybde ! dit Michel. — Et Scylla, ce sont les gazoducs sous-marins ! » dit Ursule. Le pylône avait au moins deux cents mètres de haut. « Il est remarquable », dit Michel, tout content de se servir du mot « remarquable » selon l'usage maritime qui ne lui donne aucun sens laudatif. Quand Sophie lui parlerait de sa lettre, il lui répondrait : « C'est une lettre remarquable. »

Dans le détroit, les bateaux avaient l'obligation de maintenir une veille radio permanente. Ursule s'était annoncée deux heures plus tôt sur VHF, et elle était restée branchée sur le canal 16. Elle avait des gestes précis comme en exige tout travail délicat. Michel la croyait tendue. Elle était concentrée. Elle lui expliqua brièvement qu'elle devait tenir sa droite le long d'une ligne de séparation du trafic située au centre du détroit. Et s'ils sombraient ? Il y avait tant de monde qu'ils seraient secourus dans la minute qui suit. Il dit à Ursule que ses yeux étaient changeants. Il les avait vus jaunes tout à l'heure et maintenant ils étaient mauves. Elle répondit que c'est la paupière qui fait la beauté de l'œil. Il ne voulut pas la distraire en lui parlant du dimorphisme saisonnier des papillons. Connaissait-elle l'argus bleu nacré ? Et le jaune primevère pâle du *canens*, un papillon de Bornéo ?

Elle guetta les signaux d'interdiction de passage du phare de Punta Pezzo. La route était libre. Le libeccio avait dû souffler et avait amené le beau temps. Un car-ferry, perpendiculairement à eux, se dirigeait vers la Sicile, et Michel le regarda passer de bâbord à tribord. Le psychanalyste de Marie-Hélène affirmait que la confusion entre la droite et la gauche, pour autant qu'on ne soit pas gaucher, est un signe d'homosexualité, c'était ce qu'elle avait déclaré à Michel après l'accident qu'il avait eu sur le périphérique parce qu'il s'était trompé de clignotant ! Ce périple en compagnie d'Ursule n'arrivait pas à le débarrasser de ses fixations narcissiques au passé !

Le détroit de Messine, pour lui, c'était des éperons rocheux et des plages de sable, des cultures en terrasses, des ruines de temples grecs, des campaniles dominant des ports bien abrités où firent halte les compagnons d'Ulysse, l'Etna et une mer hachée par la brise, sur laquelle la présence de deux ou trois voiliers aurait rappelé que l'homme dialogue avec la nature. Jamais il n'aurait imaginé cette autoroute liquide à vingt bandes, bordée de hangars et de pontons-grues, encombrée de câbles, de gazoducs, de transbordeurs, de balises lumineuses, de pylônes de télévision et de navires de commerce transportant des produits polluants.

Ils passèrent au large de Reggio di Calabria et se demandèrent en quelle année la ville avait été détruite par un tremblement de terre. Un avion les survola. C'est un Piper Navajo, dit Ursule. Plus tard, ils aperçurent un des hydroptères qui reliaient Messine au continent.

Ils entraient dans la Méditerranée orientale. A Pâques, Michel avait emmené sa famille au Maroc. Jaroslava était venue avec eux. Dans les rues de Marrakech, il y avait autant de couleurs que d'enfants. Zoé avait adoré un vieux conteur qui ouvrait de temps à autre son grand sac en cuir pour faire voir les oreilles d'un lapin tapi à l'intérieur. Le conteur parlait arabe et Zoé attendait avec impatience les moments où il ferait semblant de pleurer : « Wou... Wooouuu... Wou... » en montrant de nouveau les oreilles de son lapin. Zoé l'avait appelé M. Wou, ce qui était plutôt un nom chinois, lui avait fait remarquer sa sœur aînée. Sophie avait rapporté de Marrakech des coupons de tissus dont les couleurs l'inspiraient.

En quittant le détroit de Messine, les navires se dispersèrent comme des écoliers après la classe et Ursule décida de chercher un mouillage au-delà du cap Spartivento. Elle hésitait entre Bovalino Marina et Marina di Gioiosa Ionica.

Une heure plus tard, ils pénétraient dans la petite rade de Bovalino Marina. Michel avait acheté du vin blanc de Capri et ils en burent en préparant le repas. Après le dîner, Ursule s'installa sur la plate-forme arrière avec un livre.

Michel vint s'asseoir près d'elle :

— J'ai un ami que sa femme a plaqué parce qu'il ne pouvait pas s'empêcher, quand ils faisaient l'amour, de lui donner des noms de saintes.

— Quelles saintes ?

— Oh... Sainte... Je crois que sa préférée était sainte Agnès.

— Des saintes ? Ça change un peu de ces types qui veulent qu'on leur dise qu'on a couché avec leur meilleur copain. Tout le monde a ses petites bizarreries dans ces moments-là. Un ami m'a raconté qu'une fille l'excitait beaucoup parce que, quand ils baisaient, elle disait : « Oh ! Maman, qu'est-ce qu'il me fait, le monsieur ? »

— Ursule... L'ami qui parle de saintes, c'est moi !

— Ah bon ? Confidence pour confidence, moi quand je baise, j'aime parfois faire la morte, je reste immobile, je ne bouge pas un cil...

Sans transition, elle se leva et annonça à Michel qu'elle allait lui faire une surprise. Elle lui donna une de ses cassettes : « Tu la mettras en marche quand je te dirai ! »

Elle disparut dans sa cabine.

— Zed ! Vas-y ! Je suis prête !

Dès qu'il vit surgir Ursule déguisée, Michel reconnut la musique. C'était « Je cherche après Titine » ! Engoncée dans un veston à carreaux trop étroit pour elle, elle avait déniché une canne et s'était crayonné les yeux et les sourcils. Elle s'était fait une minuscule moustache sous les narines, et, les pieds dans des chaussures trop grandes pour elle, elle se dandina en imitant Charlie Chaplin dans *les Temps modernes* :

La spinach or la tuko
Cigaretto torlo totto !
E rusho spagaletta
Je le tu le tu le twaa...
Cigaretto torlo totto
Mon piccolo Zedniko
Je m'en va fer dodo !

Michel la serra contre lui. Il n'osait pas la garder entre ses bras, ne sachant pas si elle le souhaitait. Il appuya son torse sur la poitrine d'Ursule... Elle l'embrassa sur la joue et se dégagea.

— Michel ! Demain on a une journée très

chargée ! Tout le monde sur le pont à quatre heures du matin ! C'est moi qui commande !

Ils quittèrent les côtes de la Calabre à quatre heures et demie du matin. Vers midi, ils aperçurent des dauphins qui, très occupés par un concours de sauts en hauteur, ne s'approchèrent pas d'eux. « Ils doivent trouver que notre bateau est trop tape-à-l'œil », dit Ursule qui aurait bien voulu comprendre leur langage, « ce sont de grands bavards, ils parlent sans arrêt entre eux ».

Il faisait nuit quand ils arrivèrent à Patras où les attendait le gendre du Dottore Bevilacqua, le propriétaire de la *Callisto*. Ursule lui remit les papiers et les clés de la vedette.

Michel n'était jamais venu en Grèce et voulut s'asseoir à une terrasse de café. Il se servit de trois ou quatre mots de grec, *parakalo, efkaristo, kalispéra.* Dire qu'il avait été capable, en seconde, pendant le troisième trimestre, de traduire le premier chant de *l'Iliade !*

Ils prirent deux chambres à l'hôtel Astir. Ils pouvaient se parler d'un balcon à l'autre, et Ursule dit à Michel :

— Viens dans ma chambre ! Viens m'appeler sainte Ursule, on m'a souvent dit que j'avais quelque chose de divin.

Sainte Catherine ! Sainte Hélène ! Douce sainte Angèle ! Emouvante sainte Louise ! Mutine sainte Agnès ! URSULE !

14

Ursule se leva pour ouvrir la fenêtre. Il la regarda revenir vers le lit comme si elle venait d'entrer dans la chambre par la fenêtre ouverte. Elle s'étendit sur lui en disant : « Parle-moi encore de tes petites saintes ! »

Ils se réveillèrent vers midi et Michel se souvint qu'Ursule avait un avion à prendre le lendemain soir à Athènes. Il lui demanda si elle était mariée. Elle était en train de se coiffer :

— Je n'arrive pas à assagir mes cheveux. Sois gentil, ne me pose pas ce genre de question !

Dès qu'elle parle, j'ai envie de l'embrasser,

se dit-il, mais il avait aussi envie de l'embrasser quand elle ne parlait pas.

De la fenêtre de leur chambre, ils suivirent avec les jumelles la *Callisto* qui s'éloignait vers le canal de Corinthe. Des Sacs à dos arrivés de Brindisi envahissaient le port de Patras.

Dans le car qui les conduisait à Athènes, Michel finit par demander à Ursule :

— Tu crois qu'on se reverra ?

— Décidément, mon petit Zed, tu ne poses que des questions qu'il ne faut pas poser !

Il ne réagit pas. Le silence était le meilleur remède contre ce qu'il n'admettait pas. Chaque fois que quelque chose le blessait, il s'efforçait de ne pas y croire, ce qui laissait au moins le temps de s'y faire. Parfois il finissait par être d'accord avec ce qu'il avait commencé par nier.

Il n'allait quand même pas faiblir au point de dire à Ursule : « Je ne suis qu'une toupie dans ta vie. Quand j'étais petit, j'aimais les toupies et je m'étais moi-même surnommé le roi des toupies. »

Le petit garçon si fier d'avoir réussi à faire tourner une toupie pendant plus de deux minutes, record vérifié grâce à la montre de précision de son grand-père, se retrouvait quelque trente-cinq ans plus tard dans un car qui roulait vers Athènes, n'ayant pas tournoyé dans la vie d'Ursule plus longtemps que ne l'avait fait jadis sa toupie.

Pour ne pas lui déplaire, il serait souriant jusqu'à ce qu'elle parte.

Ursule l'attirait, mais il y avait longtemps que la physique ne décrivait plus le comportement des objets en termes d'attraction, et ces objets étant parfois des planètes, il pouvait se permettre d'essayer de comprendre sa rencontre avec Ursule à l'aide de ces lois qui régissent les rapports des planètes entre elles. Mais Ursule était une étoile filante, et lui, un satellite de la planète Sophie !

Ursule lui sourit. Un sourire d'Ursule valait bien les équations de Maxwell.

O Ursule, raconte-moi encore une histoire ! Sophie me lisait des poèmes. Sur la toute première carte postale qu'elle m'envoya, elle avait recopié cette question posée par les surréalistes : « Croyez-vous à la victoire de l'amour admirable sur la vie sordide, ou de la vie sordide sur l'amour admirable ? » Personne n'avait pensé à la victoire de la vie admirable sur l'amour sordide ! La victoire d'Ursule sur Sophie !

Sophie, pourquoi t'accabler ? Veux-tu que je parle de toi à Ursule ? Je n'ai plus qu'une heure ou deux pour le faire. Veux-tu que je dise : Ursule, il faut que je te parle de ma femme. Elle m'a rendu heureux pendant neuf ans et demi, et nous nous sommes quittés, afin de ne pas gâcher neuf ans et demi de bonheur. Nous nous sommes séparés pour empêcher la vie sordide de vaincre notre amour admirable.

Sophie, quand tu m'as dit : « Tu seras malheureux, tu n'aimeras jamais personne », tu avais l'air d'y croire.

Ursule l'embrassa dans le cou.

— J'ai somnolé ! Où est-ce qu'on est ?

— On arrive à Athènes dans vingt minutes On va d'abord trouver un hôtel pour toi, on ira manger quelque chose, tu m'accompagnes à l'aéroport ?

— Je voudrais un vieil hôtel avec une piscine vide sur le toit. Pourquoi ne restes-tu pas un jour de plus ? Tu verras, ton bateau ne sera même pas prêt !

— Michel, je dois partir, j'ai du travail.

Michel donna au taxi l'adresse de l'hôtel Divani Zafolia, qu'il avait choisi à cause du nom, qui aurait aussi bien pu être un pseudonyme de soprano ou de strip-teaseuse, le nom d'une maîtresse du roi Farouk ou d'un paquebot naviguant sous pavillon de complaisance. Il proposa à Ursule de monter voir sa chambre.

— Je préfère y aller toute seule ! Je vais juste prendre une douche et me changer.

Elle portait une robe avec de larges bretelles qui se croisaient sous les seins et se nouaient dans le dos. Elle réapparut dans un tailleur cintré à jupe courte.

Ils entrèrent dans un restaurant et burent beaucoup de retsina rosé. Michel caressait les bras d'Ursule.

— Quand tu seras partie, je fermerai les yeux, je ne regarderai plus rien.

— Ne tombons pas dans les beaux mensonges.

Ils repassèrent prendre les bagages d'Ursule à l'hôtel. A l'aéroport, quand elle enregistra ses bagages, elle laissa tomber son sac et Michel l'aida à ramasser le contenu. Il eut entre les mains la photo en couleurs d'un jeune homme sympathique.

L'avion avait deux heures de retard. Ils étaient un peu saouls.

Les haut-parleurs lancèrent un dernier appel pour Mme Ursule Pradier.

— Ah ! Mais c'est moi ! Bon ! Au revoir, Zed.

Il traîna dans l'aéroport, ne sachant pas s'il avait envie de rentrer à Athènes ou de rester là comme s'il attendait qu'on affiche l'heure de départ de son charter, touriste ni plus ni moins anonyme que les autres. Il aurait pu essayer de voir décoller l'avion d'Ursule. Il aurait agité la main en direction d'un hublot sans savoir si c'était le bon hublot ni le bon avion. Il était prêt à parier qu'elle ne pensait déjà plus à lui. Ceux qui partent n'ont pas les mêmes pensées que ceux qui restent.

L'aéroport fermait-il la nuit ? Il y déambulerait volontiers jusqu'au matin et se souviendrait de la déesse aux doigts de rose qu'il verrait entrouvrir ses mains merveilleuses d'où s'envoleraient cette fois-ci des Caravelle et des Boeing.

Holà Michel ! Adagio lamentoso ? Doucement les violons ! Faut-il faire une annonce ? « Le maestro Zednik va maintenant interpréter en bis le grand air de l'homme désemparé » ? « La triomphale tournée méditerranéenne de Michel Zednik culmine à l'aéroport d'Athènes avec son récital de trémolos ? »

Voyons, combien de jours as-tu passés avec Ursule ? Et tu te mets dans cet état ? Quelqu'un comme toi ? Tu allais profiter du départ de cette jeune fille pour laisser déferler un château d'eau de sentimentalité niaise ? Tu devrais savoir, depuis le temps, que tu n'es pas doué pour ça. Tu en conviens ? Tu es moins cruche que je croyais. A ta place, je serais venu ici avec mes bagages et je serais parti, moi aussi. Mais non ! Pas avec Ursule, godiche que tu es ! Tu te serais senti comment, à Barcelone, quand tu l'aurais vue se jeter dans les bras de son copain resté sur place pour surveiller les réparations de leur bateau ? Tu n'as pas assez d'un Graham Palmer dans ta vie ? C'est-à-dire dans la vie de ta femme... Tu vois que tout ne vous sépare pas, Sophie et toi.

Tu sais parfaitement que Graham Palmer est un pur produit de mon imagination...

Mais bien sûr ! Tu avais eu une assez mauvaise note au bac philo : « L'imagination n'est-elle qu'une mémoire qui ne se contrôle plus ? » Comment avais-tu développé ça ? Est-ce que tu n'avais pas dit que l'imagination picore le réel dans la basse-cour de la vie ? Je ne m'en souviens plus. Si tu avais pu imaginer qu'un jour Sophie se renverserait, ouvrirait les jambes et attirerait sur elle un pur produit de ton imagination...

Tais-toi !

Je ne me moque pas de toi, Michel ! Notre époque manque de philosophes, mais si tu préfères compter le nombre de cellules des oxyures ou vérifier si un singe castré conserve sa capacité de monte... Pourtant, ce pouvoir néantisant de la conscience — tu peux l'appeler Graham Palmer si tu veux — vers lequel les deux beaux seins nus de Sophie avancent leurs pointes... Les seins de Sophie, tu y penses parfois ? Moi j'y pense sans arrêt.

Tais-toi !

D'accord, mais promets-moi d'arrêter de jouer au traumatisé du crâne. Ursule est partie, ce n'est pas la fin du monde. Elle, au moins, elle t'a prévenu...

C'est vrai ! Je ne sais pas ce qui m'a pris de rêver d'un amour sans entraves à bord de la

Callisto. Nous aurions disparu dans le bleu nuit de la mer...

Dans un bleu nuit teinté de fleur bleue ?

Je n'ai rien d'elle ! Pas une photo, pas de lettre, aucun cadeau, aucun souvenir, je n'ai même pas son adresse.

Elle va devenir un pur produit de ton imagination.

Ah, si ! J'ai le cendrier qu'elle a volé pour moi à Capri !

Ecoute ce que je te propose : rentre sagement à l'hôtel, passe une bonne nuit et nous parlerons de ton avenir demain matin. Tu es en train de gâcher tes vacances.

Et rentre ton ventre ! Ursule ne t'a pas dit de faire de la gymnastique ? Tu es en Grèce, profites-en pour nager.

Michel partagea son taxi de retour avec un couple de Japonais en voyage de noces, qui avaient déjà vu les châteaux de Louis II de Bavière et le Colisée. Le lendemain, ils repartiraient pour Paris. Ils avaient prévu de voir l'Europe en une semaine. L'Europe était si exotique.

15

Michel était resté deux jours à Athènes. Il avait passé la première journée à dormir d'une traite et n'avait pas compris en se réveillant s'il était sept heures du soir ou du matin. Il avait jeté son paquet de cigarettes. Puisque Ursule était partie, il ne fumerait plus.

Il aurait bien téléphoné à son répondeur, mais il ne supportait plus de s'entendre dire « vous êtes chez Sophie et Michel Zednik, nous vous rappellerons dès notre retour ».

Il avait acheté un guide d'Athènes dans un kiosque. Il n'avait pas encore vu grand-chose de la Grèce mais les kiosques l'enchantaient.

Il avait marché dans la rue Euripide, la rue

Socrate et la rue Sophocle et, dans un café à côté du métro, il avait commandé un *risogalo* en guise de petit déjeuner à huit heures du soir. Zoé aurait apprécié le mélange de miel et de cannelle. Il avait feuilleté son guide qui l'invitait à aller flâner dans les rues tortueuses du quartier de Plaka.

Place de la Constitution, il vit Sophie sortir d'un taxi. Elle entra d'un pas nonchalant dans le hall de l'hôtel King George. Elle portait un short rouge et elle était bronzée. Il se précipita derrière elle. Comme elle avait raison d'aimer le surréalisme ! Ça alors ! Quel triomphe de l'irrationnel ! Il la rattrapa devant l'ascenseur, et la prit par le bras. Une jeune Américaine s'était retournée, le visage courroucé. De quoi avait-il eu l'air ? Il n'était pas rasé. Le concierge l'avait prié de sortir. La jeune femme lui avait dit *Fuck you !* Il s'était assis à une terrasse et il avait bu un grand verre d'eau glacée. *Fuck you !* Elle avait eu le même timbre de voix que Jennifer qui lui téléphonait parfois de Boston et lui avait envoyé la photo de ses mains : « *Here are hands that want to caress, soothe, linger on your body.* » Sophie avait ouvert la lettre et la lui avait remise en se félicitant d'avoir eu l'occasion de pratiquer son anglais. *Fuck you !* C'était ce que Jennifer lui avait dit quand il n'avait pas voulu la retrouver à l'hôtel la dernière fois qu'elle était venue à Paris, le soir de l'anniversaire de Sophie, l'année dernière. Avec l'aide de sa mère, Zoé avait préparé une tarte au citron. Elle avait aussi dessiné un menu. Tous les plats étaient à zéro franc, service compris. Quand Michel avait dit : « J'adore le gâteau raté de Zoé », Zoé était partie furieuse et s'était enfermée dans sa chambre : « Papa, je te défends de rentrer dans ma chambre ! » Il avait longuement parlementé avec elle avant qu'elle ne consente à réapparaître.

Fuck you ! C'était un excellent résumé de la lettre d'adieu laissée par Sophie dans la cuisine !

« *I desire to excite you, to cause your body to tingle, to glow !* »

Pourquoi avait-il conservé ces lettres ? Ça lui apprendrait, de ne jamais rien jeter ! Sophie ne comprenait pas bien l'anglais, mais elle avait un dictionnaire ! *To glow !* Faire rougeoyer ton corps, l'embraser ! *Come now !* Des lettres dans lesquelles Epicure aurait reconnu *to orthôs épi érotikâ*, le chemin le plus direct vers la baise !

Ces lettres, Sophie les avait lues, elle les avait traduites ! Elle les apprenait par cœur et les récitait à Graham Palmer !

Il était neuf heures du soir et elle était en train de dire à Graham : « *I desire to excite you !* » Au lit, Sophie était capable de tout, Michel le savait bien ! Entre deux séances, Sophie Zednik ranimait son Graham à l'aide de phrases émoustillantes écrites par Jennifer ! Et Graham Palmer qui glowait, qui tinglait, qui come-nowait ! La cacophonie du discours universel les mettait tous dans le même panier et l'étau du signifiant refermait ses mâchoires sur un pauvre biologiste hagard.

Le lendemain, Michel était resté dans sa chambre toute la journée. Il avait lu son guide d'Athènes du début à la fin.

Il avait des dépliants touristiques et regardait les photos en couleurs de paysages grecs. Il nourrissait son imagination. Il la sentait en lui comme une force exigeante, prête à tout dévorer, et à laquelle rien n'échappait. Sophie l'avait souvent traité de rêveur. Il n'aimait ni le rêve ni la contemplation. L'imagination lui fournissait davantage d'armes pour lutter contre les limites du temps et de l'espace.

Il aurait voulu pouvoir vérifier les étymologies des noms qu'il lisait sur les cartes de la Thessalie ou du Péloponnèse. S'il avait su, il aurait pris avec lui son dictionnaire Bailly ! En sortant pour dîner, il entra dans une librairie sous des arcades et s'amusa à déchiffrer les noms de Maupassant, de Pouchkine, de Strindberg. Il acheta un petit dictionnaire français-grec moderne.

Il quitta l'hôtel très tôt le lendemain matin. Le concierge lui donna l'idée de prendre un car pour Delphes au terminal de Liossion Street.

Il demanda un taxi. Le concierge lui dit de prendre le bus 24 : « Comment voulez-vous connaître une ville en prenant des taxis ? »

A sept heures moins le quart du matin, des dizaines de Sacs à dos grimpaient déjà dans les cars et Michel, qui les avait comparés en Espagne à des insectes, trouvait à présent qu'ils ressemblaient à des mollusques traînant tant bien que mal leurs coquilles aux couleurs éteintes.

Il alla s'asseoir tout au fond du car. Pendant trois heures, il ne pensa qu'à Sophie.

Il aurait tant voulu faire ce voyage avec elle !

Le paysage des environs de Delphes était encore plus fort que son imagination ! Il lui avait suffi d'écarquiller les yeux pour être prêt à proférer des oracles, alors que la Pythie avait eu besoin de mâcher des feuilles de laurier !

Il leva la tête pour voir la crête des Roches Phaidriades, les roches éclatantes. « Autrefois, lut-il dans son dépliant touristique, les imposteurs à la loi divine étaient jetés de ces sauvages et menaçantes hauteurs. C'est de là qu'Esope, le grand fabuliste de l'antiquité, fut jeté dans le vide, accusé à tort d'avoir dérobé un vase en or. »

Michel se souvint qu'Esope était un des auteurs favoris de son père, qui racontait volontiers la fable de la Lionne et du Renard :

— Un renard faisait honte à une lionne de ne mettre au monde qu'un seul petit. « Un seul, dit-elle, mais un lion. »

Michel se promit d'aller déposer au pied des Phaidriades un bouquet de fleurs des champs à la mémoire d'Esope.

Ces roches étaient vraiment très hautes. Un petit croche-pied à Graham Palmer, et pffuit !

Le village de Delphes était affreux, mais ça

ne servait pas à grand-chose de se révolter contre le mauvais goût.

Il trouva une chambre avec un balcon donnant sur l'oliveraie qui s'étendait en contrebas jusqu'au golfe de Corinthe. Les arbres lui parurent avoir deux mille ans, comme si leur sève était encore celle du monde antique.

Il passa la soirée sur son balcon. Dans la chambre voisine, un couple riait. La femme avait un rire sympathique, un rire mutin comme celui d'Ursule.

Il avait l'impression d'avoir quitté Ursule depuis très longtemps. Il se mit à fredonner « *Via, via, vieni via di qui...* », comme dans la chanson de Paolo Conte qu'Ursule avait écoutée sur le bateau. Elle lui avait dit : « Ça ne te donne pas envie de danser, cette musique ? »

Il l'entendait encore chanter, pendant que, seul sur son balcon, il regardait le clair de lune sur le golfe et sentait monter en lui une détresse qui lui broyait le cœur. « *Vieni via di qui... Tchi-boum, tchi-boum !* »

Le lendemain, il voulut rejoindre le sanctuaire d'Apollon, en coupant par la colline. Une corneille immobile, stylisée par le contre-jour, avait l'air de lui signaler qu'elle descendait d'une famille qui avait posé jadis pour les meilleurs céramistes de la Phocide. C'était ce qu'il aurait écrit à Sophie si elle lui avait donné son adresse.

Devant le sanctuaire, il fut partagé entre le désir de croire lui aussi à la présence des dieux — ne sois pas un dieu, mais sois comme un dieu — et l'envie de s'attrister devant ces ruines qui prouvaient une fois de plus la fragilité de tout ce qui a pu paraître, un jour ou l'autre, digne et capable de tenir debout, fut-ce un simple mariage célébré dans une mairie parisienne.

Il s'avança sur la voie sacrée. Là s'élevait jadis le trésor des Béotiens, ici le trésor des Syracusains, plus haut le trésor de Potidée. Il pensa aux banques dans les rues de Genève. Il s'arrêta devant le rocher de la Sibylle. Et si la Sybille lui parlait ?

Il attendait son oracle, un oracle sans prétentions, une annonce de retour d'affection, comme dans les baraques de foire. Que la Sibylle ne se gêne pas. Qu'elle dise ce qu'elle voulait. Il se chargerait d'interpréter. Un simple bruissement suffirait, un sifflement d'oreilles, *ssssssss*... Il comprendrait. Sssssssssophie, par exemple.

En rentrant au village, il grimpa sur un talus pour aller cueillir une plante bulbeuse à sépales violets mouchetés d'amarante et de safran. On aurait dit un œil-de-paon. Il lui parut sacrilège de la cueillir, même pour Esope qui aurait alors dû écrire une nouvelle fable : « L'Œil-de-paon et le Biologiste », dont la morale aurait été : ce n'est pas en voulant faire plaisir aux autres qu'on leur fait plaisir.

D'Amfissa à Lamia, de Sperhiada à Karpenisi, à Grammatiko, à Sofadès, Michel devint le meilleur — en fait, le seul — client étranger des petits cars bleus qui passaient par des routes montagneuses pour conduire des paysans d'un bourg à l'autre. Il s'asseyait toujours dans le fond du car et finissait par se prendre pour un saisonnier sans travail ou un maçon athénien rejoignant à petites étapes sa Thessalie natale.

Les chauffeurs les plus âgés conduisaient en écoutant Tsitsanis. Les jeunes, qui ne savaient pas ce que voulait dire freiner en douceur, à peine installés au volant montaient le son et passaient des variétés américaines. Michel avait aperçu les Thermopyles en écoutant Michael Jackson. Qu'en aurait pensé M. Miron, son professeur de grec qui lui avait fait traduire les plaintes d'Antigone ?

Il était devenu un voyageur. Son seul plaisir était de monter dans un car et de laisser défiler le paysage sans penser à rien. Quand son car arrivait au terminus, il se dirigeait aussitôt vers le prochain car qui partirait, celui dont le moteur tournait déjà. Il avait une carte routière de la Grèce qui lui permettait, non pas de savoir où il allait, ce qui était le cadet de ses soucis, mais de repérer des noms de villes, ce qui lui permettait d'acheter ses billets.

Arrivé tard dans la soirée à Kalambaka, Michel se perdit dans le noir, à la recherche du motel Xénia, situé à l'écart du village, traînant derrière lui sa valise à roulettes. Il trébuchait sur les bas-côtés de la route, évitant des touffes d'herbe qu'il prenait pour des hérissons. Ces vacillements étaient la preuve irrévocable du bien-fondé de la géométrie de la turbulence.

Il resta deux jours au motel Xénia, étendu sur le lit, se forçant à rester immobile comme ces insectes qui font le mort pour ne pas être inquiétés. Il avait la taille d'un coléoptère. Il était dans la cavité d'un vieil arbre renfermant de la vermoulure. Il s'introduirait dans des crottes de lapin. Il s'enterrerait le jour au pied des végétaux. Il se réfugierait dans des nids d'oiseaux. « On peut donc perdre les pédales en si peu de temps », se dit-il en cherchant à six heures du matin dans le village un café qui serait déjà ouvert.

Il prit un verre d'ouzo à la terrasse du Galaxy en contemplant d'immenses rochers qui sortaient du sol comme les molaires du dieu des Enfers, apparemment un spectacle unique en son genre, inscrit au programme de tous les circuits organisés au départ d'Athènes.

Sans lâcher son verre d'ouzo, il était allé s'observer dans le miroir des toilettes. Il n'avait plus regardé ni même entrevu son visage depuis Delphes. Il s'attendait à découvrir des yeux excavés, des os saillant sous sa peau sèche. Il avait oublié qu'il était si bronzé ! Avec sa barbe de dix jours, il avait une belle tête de maquisard, et l'ampoule de quarante watts accentuait l'impression de clandestinité qui se dégageait de toute sa personne.

Il se demanda s'il n'avait pas plutôt une belle tête de psychopathe. La tête d'un homme accablé par le caractère stéréotypé de son destin ? Les épaules basses de celui qui fuit devant la réalité ?

Il se reprit. Il ne fuyait pas devant les conflits ! Il visitait la Grèce ! Il lui manquait juste un peu d'énergie !

Il sortit du café et regarda les rochers qu'il avait pris pour les molaires du diable et qui lui paraissaient maintenant si protecteurs, si débonnaires.

Il aurait aimé que ses deux filles débarquent au motel Xénia. Elles seraient contentes de le voir et diraient : « Oh ! Tu avais nos photos sur ta table de nuit ! »

Il se fit raser et raccourcir les cheveux par un vieux coiffeur qui connaissait comme lui quelques mots d'italien. Il s'engagea sur la route qui serpentait entre les rochers. Il s'assit au soleil et imagina la prochaine femme qui l'aimerait. Ô sainte Isabelle !

Cet ouvrage a été composé
par l'Imprimerie BUSSIÈRE
et imprimé sur presse CAMERON
dans les ateliers de la S.E.P.C.
à Saint-Amand-Montrond (Cher)
en septembre 1990
pour le compte des éditions Grasset
61, rue des Saints-Pères, 75006 Paris

N° d'Édition : 8302. N° d'Impression : 2452-1795.
Dépôt légal : septembre 1990.

Imprimé en France

ISBN broché : 2-246-42381-3
ISBN luxe : 2-246-42380-5